T0194794

essentials

essentials liefern aktuelles Wissen in konzentrierter Form. Die Essenz dessen, worauf es als „State-of-the-Art" in der gegenwärtigen Fachdiskussion oder in der Praxis ankommt. *essentials* informieren schnell, unkompliziert und verständlich

- als Einführung in ein aktuelles Thema aus Ihrem Fachgebiet
- als Einstieg in ein für Sie noch unbekanntes Themenfeld
- als Einblick, um zum Thema mitreden zu können

Die Bücher in elektronischer und gedruckter Form bringen das Expertenwissen von Springer-Fachautoren kompakt zur Darstellung. Sie sind besonders für die Nutzung als eBook auf Tablet-PCs, eBook-Readern und Smartphones geeignet. *essentials:* Wissensbausteine aus den Wirtschafts-, Sozial- und Geisteswissenschaften, aus Technik und Naturwissenschaften sowie aus Medizin, Psychologie und Gesundheitsberufen. Von renommierten Autoren aller Springer-Verlagsmarken.

Weitere Bände in der Reihe http://www.springer.com/series/13088

Markus Husemann-Kopetzky

Preispsychologie

In vier Schritten zur optimierten
Preisgestaltung

2., überarbeitete Auflage

 Springer Gabler

Markus Husemann-Kopetzky
Universität Paderborn
Paderborn, Deutschland

ISSN 2197-6708   ISSN 2197-6716   (electronic)
essentials
ISBN 978-3-658-29665-0   ISBN 978-3-658-29666-7   (eBook)
https://doi.org/10.1007/978-3-658-29666-7

Die Deutsche Nationalbibliothek verzeichnet diese Publikation in der Deutschen Nationalbibliografie; detaillierte bibliografische Daten sind im Internet über http://dnb.d-nb.de abrufbar.

Planung/Lektorat: Angela Meffert
Springer Gabler ist ein Imprint der eingetragenen Gesellschaft Springer Fachmedien Wiesbaden GmbH und ist ein Teil von Springer Nature.
Die Anschrift der Gesellschaft ist: Abraham-Lincoln-Str. 46, 65189 Wiesbaden, Germany

Was Sie in diesem *essential* finden können

- Ein übersichtliches Rahmenwerk, das die Elemente der Preispsychologie strukturiert und das Verständnis ihrer Zusammenhänge erleichtert (4-P-Modell der Preispsychologie)
- Gestaltungsparameter von Preisinformationen, die Entscheidern zur Verfügung stehen
- Psychologische Prozesse, die Kunden zur Verarbeitung von Preisinformationen anwenden
- Verhaltensweisen, die Kunden als Reaktion auf Preisinformationen zeigen
- Implikationen für den Unternehmensprofit als Resultat der Preisgestaltung und des entsprechenden Einflusses auf das Kundenverhalten

Vorwort

Wenn ich mich mit Marketingmanagern zu den Einsatzmöglichkeiten der Preispsychologie austausche oder Studenten dieses faszinierende Themenfeld näherbringe, wirken preispsychologische Effekte wie Zaubertricks oder optische Täuschungen:

- Geburtsdaten im Preis, die die Kaufwahrscheinlichkeit steigen lassen,
- Köderprodukte, die zwar nicht gekauft werden, aber dennoch die Nachfrage nach anderen Produkten erhöhen, oder
- eine rote Einfärbung der Preisschrift, die eine Preissenkung größer erscheinen lässt

Preispsychologische Effekte sind zwar in vielfältiger Form bekannt, allerdings fehlen eine Strukturierung dieser Phänomene und eine Empfehlung, wie diese eingesetzt werden. Um bei dem Bild der Zauberei zu bleiben, ist der Zauberkasten unsortiert und die Bedienungsanleitung unvollständig.

Oftmals widersprechen preispsychologische Effekte den Rationalitätsannahmen der Ökonomie und führen regelmäßig zu kontraintuitiven Phänomenen des Konsumentenverhaltens. Hier stelle ich mir als Wirtschaftswissenschaftler und Forscher die Frage, ob und wie die Preispsychologie zur Preisgestaltung systematisch genutzt werden kann. Eine erste Antwort auf diese Frage sind die Entwicklung eines Strukturierungsschemas – das 4-P-Modell der Preispsychologie – zur Sortierung der einzelnen preispsychologischen Erkenntnisse und eine ökonomische Entscheidungslogik zur Auswahl einer psychologisch optimierten Preisgestaltung.

Mit diesem Buch möchte ich Ihnen einen möglichst breiten und fundierten Überblick über die Preispsychologie vermitteln und Ihnen dabei Möglichkeiten zur eigenständigen Vertiefung aufzeigen. Daher finden Sie im Literaturverzeichnis eine entsprechend große Anzahl an Quellen.

Ich wünsche Ihnen viel Freude beim Lesen – und hoffe, dass meine Neugierde und Begeisterung für kontraintuitive Zusammenhänge auch Sie ansteckt.

Über Ihr Feedback würde ich mich sehr freuen. Darum bitte ich Sie und biete Ihnen an, mir Ihre Rückmeldung zum vorliegenden Buch – gleich welcher Art – an folgende E-Mail-Adresse zuzusenden: Kopetzky@mail.uni-paderborn.de.

Dieses Buch wäre ohne die Unterstützung meines beruflichen und privaten Umfeldes nicht möglich gewesen. In besonderem Maße bedanke ich mich bei meiner Ehefrau Sabine Husemann für ihre wertvollen Hinweise und die Übernahme des Lektorats. Ihr und unseren beiden zauberhaften Töchtern, Sophia und Luisa, ist dieses Buch gewidmet.

Dr. Markus Husemann-Kopetzky

Inhaltsverzeichnis

1 Einleitung. 1
   1.1 Relevanz der Preispsychologie 1
   1.2 Das 4-P-Modell der Preispsychologie 3
   1.3 Fazit 5

2 (Preisdesign-)Parameter zur Gestaltung von Preisinformationen 7
   2.1 Preispräsentationsparameter 10
   2.2 Preisumfeldparameter 12
   2.3 Zahlungsparameter. 13

3 Prozess der Verarbeitung von Preisinformationen 17
   3.1 Sensorische Aufnahme von Preisinformationen 17
      3.1.1 Enkodierung von Ziffernfolgen 17
      3.1.2 Psychophysik 19
      3.1.3 Preisbilder 20
   3.2 Bewertung von Preisinformationen 21
      3.2.1 Komparative Preisbewertung 21
      3.2.2 Verlust- und Risikoaversion 24
      3.2.3 Cues und Primes. 28
   3.3 Speicherung von Preisinformationen. 32
      3.3.1 Preiswissen und -erinnerung 32
      3.3.2 Abschreibungs- und Erinnerungseffekt 34

4 Phänomene des Kundenverhaltens 37
   4.1 Taxonomie des Preisverhaltens 37
   4.2 Prognose des Preisverhaltens. 39

5 Profite als Ergebnis der Preisgestaltung 41
   5.1 Modelle zur Entscheidungsunterstützung 41
   5.2 Kundenlebenswert als Entscheidungsgrundlage 42

Literatur. 49

Einleitung

Praktiker und Akademiker sind sich einig: Von allen Marketingentscheidungen hat die Preisgestaltung den größten Einfluss auf das Kundenverhalten und bestimmt erheblich den ökonomischen Erfolg eines Unternehmens [1–3]. Studien zeigen, dass eine einprozentige Erhöhung des Preises im Durchschnitt eine höhere Hebelwirkung auf den Unternehmensgewinn hat (nämlich +11 %), als es einprozentigen Erhöhungen in anderen Bereichen möglich ist: −1 % variable Kosten (+7,2 %), +1 % Stückumsatz (+3,7 % Gewinn) oder −1 % fixe Kosten (+2,7 %) [4, 5].

Dieses Essential stellt den Kunden und seine Reaktionen auf unterschiedliche Preisgestaltungen in den Fokus und führt in das weite Feld der Preispsychologie ein.

Wir beginnen mit der Relevanz der Preispsychologie als wichtiger Ergänzung zur klassischen Preistheorie der Mikroökonomie und skizzieren ihre historischen Anfänge (Abschn. 1.1). Den Übergang zum Hauptteil bildet ein eingängiges Rahmenwerk, das auch die Struktur der nachfolgenden Kapitel liefert (Abschn. 1.2).

1.1 Relevanz der Preispsychologie

Die Vorhersage und Begründung von Kundenreaktionen auf unterschiedliche Preise basierte ursprünglich auf der **Mikroökonomie.** Alfred Marshall formulierte bereits im Jahre 1890 eine Theorie zum wirtschaftlichen Handeln von Haushalten bzw. Kunden. Dazu präsentierte er das allgemein bekannte Konzept der Nachfragekurve; dieses geht davon aus, dass die nachgefragte Menge ausschließlich vom Preis abhängig ist und sinkt, wenn Letzterer steigt, und umgekehrt.

© Springer Fachmedien Wiesbaden GmbH, ein Teil von Springer Nature 2020
M. Husemann-Kopetzky, *Preispsychologie,* essentials,
https://doi.org/10.1007/978-3-658-29666-7_1

In dieser Theorie wird ein vollkommen rational handelnder Kunde vorausgesetzt, dessen Zahlungsbereitschaft dem zusätzlichen, in monetären Einheiten übersetzten Nutzen des Produktkaufs entspricht [6]. Der (Grenz-)Nutzen eines Produktes hängt von den individuellen Präferenzen des jeweiligen Konsumenten ab. Der Preis eines Gutes wiederum wird von allen Konsumenten objektiv und in identischer Höhe wahrgenommen [7]. Nehmen also zwei Kunden den Wert eines Produkts identisch wahr, wird ihre Reaktion auf denselben Preis identisch sein. Umgekehrt ist ein unterschiedliches Kaufverhalten bei identischem Preis ausschließlich auf unterschiedliche Einschätzungen des Nutzens zurückzuführen.

Im mikroökonomischen Erklärungsansatz sinkt die nachgefragte Menge monoton mit steigendem Preis. Auch wenn entgegenstehende Phänomene bereits früh zur Kenntnis genommen wurden, wurden sie kurzerhand als Ausnahmeerscheinungen erklärt – ein Beispiel sind Luxus-Produkte (auch „Giffen-Güter"), deren Nachfrage mit steigendem Preis ebenfalls steigt. „But such cases are rare; when they are met with they must be treated separately" [6, S. 208].

Obwohl die Anzahl der sog. „Ausnahmen" in den Folgejahren stieg, wurde die mikroökonomische Preistheorie für beinahe ein Jahrhundert kaum infrage gestellt. Erste Studien wurden in den 1940er und 1950er Jahren durchgeführt, um gezielt die kognitiven Prozesse von Konsumenten zu untersuchen, die ein Konsumentenverhalten erklären. Diese Studien markieren die Geburtsstunde des Forschungszweigs der **Preispsychologie** oder – im angelsächsischen Raum – des Behavioral Pricings.

Beispielsweise wiesen Studien bereits früh nach, dass Konsumenten von der Höhe des Preises auf die Qualität und damit den Wert des Produkts schließen [8, 9]. Mit Bezug auf die Nachfragekurve bedeutet diese Erkenntnis, dass für einen bestimmten Preisbereich die Nachfrage mit steigendem Preis ebenfalls steigt. Ist ein Preis zu niedrig und die entsprechende Qualitätsvermutung zu gering, so sinkt die Nachfrage bei niedrigerem Preis. Die Forschungsergebnisse französischer Soziologen bewiesen, dass Kunden bei Unterschreitung einer bestimmten Preisschwelle nicht weiter kaufen, sodass die Nachfragekurve die Form eines inversen U oder Hufeisens annimmt [10].

Diese Studien zeigen exemplarisch, dass das klassische Modell der Mikroökonomie ein tatsächliches Kundenverhalten nicht umfassend zu erklären vermag und dessen Kernannahmen in der Realität systematisch verletzt werden.

Die **Forschung** zur Preispsychologie blieb viele Jahre sporadisch und unstrukturiert. Im Jahre 1984 fasste ein Artikel in einem führenden wissenschaftlichen Magazin den Stand der allgemeinen Preisforschung zusammen und widmete lediglich eine von 17 Seiten dem preispsychologischen Spezialgebiet [11].

Die abschließende Einschätzung lässt das frühe Stadium dieser neuen Fachrichtung erkennen: „In conclusion, this research is not based on sound theory, and it tends to be largely descriptive" [11, S. 50].

Bis heute wurden wichtige Erkenntnisbausteine der Preispsychologie zusammengetragen, doch der fehlende Zusammenhang lässt diese Forschungsrichtung weiterhin als „mosaikhaft" [12] erscheinen und kennzeichnet das junge Forschungsstadium dieses Themengebiets [13, 14]. Insgesamt bleibt festzuhalten, dass in diesem dynamischen Forschungsgebiet eine allgemeingültige Definition der enthaltenen Elemente bislang nicht etabliert worden ist.

Das vorliegende Essential wählt eine ergebnisorientierte Perspektive der Definition, die sich auf Unterschiede im Kundenverhalten bezieht, welche wiederum von der Höhe eines objektiven Preises nicht erfasst werden [15, 16].

▶ **Definition** Die **Preispsychologie** ergänzt die Preistheorie der klassischen Mikroökonomie um eine verhaltenswissenschaftliche Perspektive, die den Einfluss von Preisinformationen auf ein Kundenverhalten erklärt. Dabei geht dieser Einfluss über die Wirkung einer objektiven Preishöhe hinaus.

1.2 Das 4-P-Modell der Preispsychologie

Meine Diskussionen mit Entscheidern in Unternehmen, mit Pricing-Experten, aber auch mit anderen Wissenschaftskollegen oder Studierenden in meinen Kursen bestätigen, dass ein Rahmenwerk erforderlich ist, um die zahlreichen Forschungsergebnisse der Preispsychologie zu sortieren und den Zusammenhang zwischen diesen aufzuzeigen. In erster Linie soll die vorliegende Veröffentlichung Preisentscheider über die Möglichkeiten und Implikationen der Preispsychologie informieren. Die Preisentscheidung stellt daher den Ausgangspunkt des Rahmenwerks dar. Die vorrangig monetären Ergebnisse von Preisentscheidungen bilden den Abschluss des Ordnungsrahmens. Im Mittelbau dieser Ursache-Wirkungs-Kette steht das Kundenverhalten, das erklärt, warum eine Preisentscheidung zu einem bestimmten finanziellen Ergebnis führt.

Die Entwicklung des Rahmenwerks wird demzufolge von folgender Fragestellung geleitet:

▶ Welche finanziellen Wirkungen ergeben sich aus welchen Preisgestaltungsoptionen?

Abb. 1.1 4-P-Modell der Preispsychologie

Um diese Fragestellung zu beantworten, wird das Rahmenwerk in vier auf-
einander aufbauende Komponenten untergliedert, die in Summe das **4-P-Modell
der Preispsychologie** bilden: Parameter, Prozesse, Phänomene und Profite.
Auch wenn eine isolierte Betrachtung der einzelnen Komponenten inhaltlich
nicht immer sinnvoll ist, so erweist sich der jeweils unterschiedliche Schwer-
punkt sowohl aus didaktischer wie auch praktischer Sicht als hilfreich. Abb. 1.1
fasst die Struktur des Rahmenwerks zusammen und illustriert die Verbindung der
Anbieter- und Kundensicht.

- **Parameter: Welche Preisdesignparameter stehen zur Gestaltung von
  Preisinformationen zur Verfügung?**
  Preisdesignparameter umfassen die Stellhebel, die von Preisentscheidern zur
  Gestaltung von Preisinformationen genutzt werden können. Kap. 2 liefert einen
  Überblick über wichtige Gestaltungsparameter und entsprechende -optionen.
- **Prozesse: Welche psychologischen Prozesse bestimmen die Aufnahme und
  Bewertung von Preisinformationen aus Kundensicht?**
  Kunden nehmen Preisinformationen wahr, bewerten diese und reagieren auf das
  Bewertungsergebnis. Eine Auswahl wichtiger Konzepte im Hinblick auf Wahr-
  nehmung, Bewertung und Speicherung von Preisen wird in Kap. 3 vorgestellt.
- **Phänomene: Welche Kundenverhaltensweisen und -phänomene
  ergeben sich als Ergebnis der psychologischen Verarbeitung von Preis-
  informationen?**
  Kunden zeigen nach psychologischer Verarbeitung ein bestimmtes Verhalten
  als Reaktion auf Preisinformationen. Welche Kundenverhaltensweisen Preisinformationen beeinflussen und bisher untersucht worden sind, behandelt
  Kap. 4.

- **Profite: Welche – insbesondere finanziellen – Folgen ergeben sich aus dem Kundenverhalten für das preissetzende Unternehmen?**
  Das tatsächlich gezeigte Kundenverhalten bestimmt schließlich das finanzielle Ergebnis der Preissetzung. Ansatzpunkte zur Quantifizierung und Auswahl von Preisentscheidungsoptionen werden in Kap. 5 diskutiert.

Das 4-P-Modell kommt dem wiederkehrenden Ruf nach einer stärkeren Strukturierung der Preispsychologie nach [14, 17, 18]. Auch soll das Modell dem Leser den Überblick über und das Verständnis dieses interessanten wie weiten Themenfelds erleichtern.

1.3   Fazit

Die Preispsychologie – auch Behavioral Pricing – liefert valide Ansätze zur Erklärung und Prognose von Kundenreaktionen auf Preisdarstellungen. Das 4-P-Modell stellt einen entscheidungsorientierten Bezugsrahmen zur Verfügung und begleitet den Leser von der Preisgestaltung über die psychologischen Kundenprozesse und -reaktionen bis zur Bewertung der finanziellen Auswirkungen.

(Preisdesign-)Parameter zur Gestaltung von Preisinformationen

2

Als Antwort auf systematische Abweichungen des Konsumentenverhaltens von mikroökonomischen Prognosen entwickelte die Forschung zur Preispsychologie das Konstrukt des **subjektiven Preises** (oder auch wahrgenommenen Preises) (vgl. [19–21]).

▶ **Definition** Unter einem **subjektiven Preis** wird der wahrgenommene Preis verstanden, den ein Konsument bei der weiteren Entscheidungsfindung bewusst oder unbewusst berücksichtigt.

Verschiedene Kunden nehmen identische, objektive Preisinformationen unterschiedlich wahr und überführen diese Informationen in einen subjektiven Preis, sodass einem objektiven Preis unterschiedliche subjektive Preise gegenüberstehen können [22]. Dieser Umwandlungsprozess wird als **Preiswahrnehmung** beschrieben und wie folgt definiert (in Anlehnung an [23, 24]):

▶ **Definition** Die **Preiswahrnehmung** beschreibt den Übersetzungsprozess sensorisch aufgenommener, objektiver Preisinformationen in subjektive Preise.

Der subjektive Preis kann sich nicht nur in der Höhe vom objektiven Preis unterscheiden; zusätzlich können sich auch die Einheiten des wahrgenommenen Preises ändern. Beispielsweise transformieren Konsumenten einen objektiven Preis in mehr oder minder grobe Kategorien (z. B. „zu günstig", „akzeptabel", „zu teuer"), Bandbreiten („zwischen acht und zehn Euro"), oder sie kalkulieren den Preis pro Einheit bzw. betrachten den Gesamtpreis für ein Gebinde [19, 25]: „Some consumers may notice that the exact price of Hi-C fruit juice is US$ 1.69

© Springer Fachmedien Wiesbaden GmbH, ein Teil von Springer Nature 2020
M. Husemann-Kopetzky, *Preispsychologie,* essentials,
https://doi.org/10.1007/978-3-658-29666-7_2

for a 6-pack, but others may encode and remember the price only as ‚expensive'
or ‚cheap'" [26, S. 10].

Der Zusammenhang von objektiven Preisen, einer subjektiven Preiswahrnehmung und dem – als Kaufwahrscheinlichkeit operationalisierten – **Konsumentenverhalten** ist in Abb. 2.1 dargestellt.

Der logischen Sequenz eines Konsumprozesses folgend beginnen Konsumenten mit der Suche und Aufnahme von objektiven Preisinformationen, wan-
deln diese in einen subjektiv wahrgenommenen Preis um, beurteilen diesen
subjektiven Preis (siehe (1) in Abb. 2.1) und entwickeln eine Verhaltensintention
in Reaktion auf eine subjektive Preisbeurteilung (siehe (2) in Abb. 2.1).

Was schon Paul Watzlawick für die menschliche Kommunikation im Allgemeinen feststellte, gilt auch für die Preiskommunikation: „Man kann nicht
nicht kommunizieren." Preise werden Kunden in Wort und Schrift präsentiert.
Der kommunizierte Preis kann dabei bewusst so gestaltet werden, dass die subjektive Preiswahrnehmung mit mittelbarer Auswirkung auf das Kundenverhalten
gesteuert wird. Das Design der Preiskommunikation kann in diesem Zusammenhang auch als **Framing** verstanden werden [25–27].

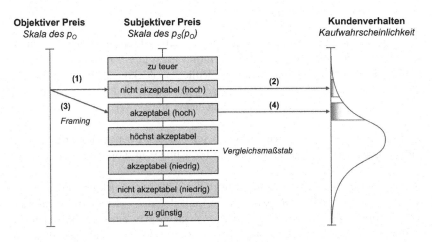

p$_o$ objektiver Preis
p$_s$(p$_o$) subjektiver Preis in Abhängigkeit eines objektiven Preises

Abb. 2.1 Vom objektiven Preis zum Kundenverhalten. (Quelle: Eigene Darstellung in
Anlehnung an [19])

▶ **Definition** **Framing** bezeichnet in diesem Zusammenhang die gezielte Beeinflussung der subjektiven Preiswahrnehmung eines objektiv identischen Preises, um ein erwünschtes Kundenverhalten zu begünstigen.

Das Ziel des Framings, dass Kunden einen objektiven Preis einer aus Unternehmenssicht vorteilhafteren subjektiven Wahrnehmungskategorie zuordnen (siehe (3) in Abb. 2.1) und ein entsprechendes Verhalten – wie beispielsweise eine höhere Kaufbereitschaft – zeigen (siehe (4) in Abb. 2.1), kann durch unterschiedliche Ansatzpunkte erreicht werden. Beispielsweise werden Preisschwellen, die die Grenzen von Wahrnehmungskategorien markieren, gezielt unter- oder überschritten [27, S. 175 ff.]. Andererseits werden Maßnahmen ergriffen, die den Vergleichsmaßstab (auch interner Referenzpreis, siehe Abschn. 3.2.1) des Konsumenten beispielsweise durch Angabe von Vergleichspreisen gezielt verändern, um die Grenzen der Wahrnehmungskategorien entsprechend zu verschieben.

Als Stellhebel des Framings beeinflussen **Preisdesignparameter** systematisch den Übersetzungsprozess des objektiven Preises in einen subjektiven Preis und bestimmen so mittelbar das Preisverhalten, also die Reaktionen von Konsumenten auf subjektive Preise [20, 21].

▶ **Definition** **Preisdesignparameter** stellen die Gesamtheit aller Merkmale dar, die einen objektiven Preis gegenüber einem Kunden kommunizieren („Framing"), um die subjektive Preiswahrnehmung zu beeinflussen.

Welche Faktoren und Parameter die Preiswahrnehmung und damit die Höhe des subjektiven Preises im Einzelnen beeinflussen, ist bisher nicht abschließend erforscht. Im Folgenden wird ein Klassifikationsschema aufgestellt, das zum einen bekannte **Preisdesignparameter** sortiert und zum anderen einen Preisentscheider einlädt, über mögliche, voneinander unabhängige Gestaltungsoptionen nachzudenken.

Auf oberster Ebene werden Preisdesignparameter nach der Darstellung von Preisen („bloß 1,67 EUR am Tag") und der Gestaltung der tatsächlichen Zahlung (monatliche Abbuchung von 50 EUR) unterschieden. Beide Kategorien sind autark gestaltbar, beispielsweise kann ein identisch dargestellter Preis bar, per Kreditkarte oder per Finanzierung bezahlt werden. Sie treten nicht zwingend als Einheit auf, beispielsweise werden bei Zeitschriftenabonnements oder Fitnessstudiomitgliedschaften nach Vertragsabschluss gewöhnlich keine Preise separat kommuniziert, sondern lediglich via Lastschrifteinzug abgebucht. Zudem

Abb. 2.2 Klassifikationsschema von Preisdesignparametern

entfalten sie unterschiedliche Wirkungen auf ein Kundenverhalten. Preisdesign-parameter zur Gestaltung der Preisdarstellung richten sich weiterhin entweder auf die Kommunikation des fokalen Preises (definiert als **Preispräsentations-parameter**) oder auf die Manipulation des Umfelds und Kontexts einer Preisdarstellung (definiert als **Preisumfeldparameter**). Die Kategorie der Preis-designparameter, die sich der Preiszahlung widmen, wird als **Zahlungspara-meter** bezeichnet. Abb. 2.2 stellt die Kategorisierung von Preisdesignparametern grafisch dar.

Im Folgenden werden Parameter zur Illustration exemplarisch ausgewählt und vorgestellt. Eine vollständige und abschließende Aufzählung aller in der Litera-tur untersuchten Preisdesignparameter liegt außerhalb der Zielsetzung dieser Veröffentlichung. Für einen umfassenderen Überblick zu preispsychologischen Effekte wird auf weiterführende Literatur verwiesen, beispielsweise [28]. Die im Folgenden getroffene Auswahl an Effekten soll repräsentativ für die jeweilige Parameterkategorie sein und orientiert sich an vorausgegangenen Zusammen-fassungen des State-of-the Art in der Preispsychologieforschung [14–16, 29, 30] sowie neueren Forschungsergebnissen [31–34].

2.1   Preispräsentationsparameter

▶ **Definition Als Preispräsentationsparameter** werden die Gestaltungs-dimensionen zur Kommunikation eines fokalen Preises gegenüber dem Kunden bezeichnet. Die Preispräsentationsparameter beziehen sich auf die Art der Dar-stellung des Preises an sich.

Die Überleitung des objektiven Preises in kommunizierte Preisinformationen bezieht sich insbesondere auf die numerische Gestaltung der Preisziffernfolge, die Bezugsgröße des Preises sowie den Aggregationsgrad eines Preises.

In Studien zur **numerischen Gestaltung** von Preisen wurde festgestellt, dass gebrochene Preise – d. h. Preise, die auf „9" enden und knapp unter einem runden Einerwert (1,99 EUR), Zehnerwert (29 EUR), Hunderterwert (199 EUR) usw. liegen –, aufsteigende (123 EUR), absteigende (321 EUR) oder gleichbleibende Ziffernfolgen (222 EUR) auf die wahrgenommene Höhe des Preises wirken [23].

Im Preisdesign weisen verschiedene Studien nach, dass Konsumenten einen niedrigen absoluten Betrag mit einem niedrigeren subjektiven Preisniveau verbinden (sog. Numerosity Effect). Beispielsweise wird ein Rabatt von 3 EUR bei einem ehemaligen Verkaufspreis von 10 EUR als geringer wahrgenommen als ein Rabatt von 25 %. Der Wert 3 ist deutlich niedriger als 25 und Konsumenten sparen ihre mentale Energie für solche trivialen Aufgaben wie die Berechnung der exakten Ersparnis von rabattierten Haushaltswaren. Was bei Rabatten funktioniert, gilt auch für den Preis als solchen. Eine gezielte Reduktion des Werts eines Preises lässt sich durch die Darstellung als Bruch erreichen. So konnten verschiedene Studien [35–37] die Effektivität einer „Pennies-a-Day Strategy" bestätigen, nach der Konsumenten eine Preisdarstellung pro Zeiteinheit als „1 EUR pro Tag" gegenüber „365 EUR pro Jahr" bevorzugen. Demgegenüber bestätigten Wansink et al. [38] im Kontext des Einzelhandels, dass eine höhere Mengenangabe (d. h. Zähler) in der Präsentation des Verhältnisquotienten („6 Flaschen für 3 EUR" statt „1 Flasche für 0,50 EUR") zu einer 32 % höheren Kaufmenge führt. Die **Wahl einer Bezugsgröße** beeinflusst also die Wahrnehmung des Preises.

Der **Aggregationsgrad** von Preisen bezieht sich auf die Entscheidung, Bestandteile eines Produkts oder einer Dienstleistung gebündelt („Price Bundling") oder separat („Price Partitioning") anzugeben. **Price Bundling** ist dann ein wertvoller Preis- und Profitabilitätshebel, wenn die Zahlungsbereitschaften der Kunden für die Produkte stark variieren, je nachdem, ob sie einzeln oder gebündelt sind. In diesem Fall führt das Bündeln dazu, dass die kombinierten Zahlungsbereitschaften für mehrere Produkte stärker ausgereizt werden, als wenn diese Produkte einzeln verkauft würden [39, 40]. Zum anderen weisen verschiedene Studien nach, dass Konsumenten mehrere kleine Preise psychologisch stärker als Verlust wahrnehmen als einen Preis, der der Summe der kleinen Preise entspricht (siehe Wertfunktion in ▸ Abschn. 3.2.2) [41, 42].

Price Partitioning wirkt hingegen effektiv, wenn Preise für das eigentliche Produkt und für zusätzliche Nebenkosten (z. B. Versandkosten, Service- und Transaktionsgebühren) separat ausgewiesen werden. In dieser Konstellation tendieren Konsumenten dazu, Nebenkosten mit einem geringeren Gewicht zu bewerten [43] oder gänzlich unabhängig vom Preis des Hauptprodukts wahrzunehmen [44]. Dieser Effekt führt zu einer geringeren Preiswahrnehmung des addierten, partitionierten Gesamtpreises im Vergleich zum gebündelten Preis.

Können keine Preise als Nebenkosten ausgewiesen werden, wirkt Price Partitioning auch effektiv, wenn eine separate Preisdarstellung für einzelne Komponenten eines Produktbündels den Nutzen einzeln bepreister Leistungen betont und so das Nutzenbewusstsein des Konsumenten für das gesamte Produktbündel erhöht [31, 45].

2.2   Preisumfeldparameter

▶ **Definition Preisumfeldparameter** gestalten den Kontext eines fokalen Preises und wirken sowohl direkt auf die Preiswahrnehmung von Konsumenten als auch moderierend auf die Effekte der Preispräsentationsparameter im Hinblick auf eine subjektive Preisbildung. Die Preisumfeldparameter beziehen sich auf das Umfeld, in dem der Preis dargestellt wird.

Inman et al. [46] veranschaulichen den Effekt von Preisumfeldparametern in einem Experiment recht deutlich: Die Forscher zeigen, dass die bloße Auszeichnung einen Produktes als „Angebot" – ohne den Preis tatsächlich zu reduzieren – die Kaufwahrscheinlichkeit signifikant erhöht. Bislang untersuchte Umfeldparameter sind vielfältig und umfassen Köderprodukte, begleitende Preiskommunikation, Price-Matching-Garantien und Rabattdarstellungen bzw. Preisvergleiche.

Köderprodukte werden eingesetzt, um durch Hinzufügen einer Produktalternative die Preiswahrnehmung bestehender Artikel zu verändern [47]. In einem Beispiel verschob sich die Nachfrage von Produkt A (Preis 14,95 EUR) in Richtung Produkt B (Preis 18,95 EUR), nachdem Produkt C (34,95 EUR) eingeführt worden war [48].

Werden preispolitische Maßnahmen ergriffen, so unterstützt eine **begleitende Kommunikation** gegenüber Konsumenten die Durchsetzung und Akzeptanz von Preisentscheidungen. So wies Campbell [49] nach, dass Kunden eine Preiserhöhung als fairer empfinden, wenn das Unternehmen die Gründe für diese Entscheidung offenlegt und dadurch verhindert, dass Konsumenten Mutmaßungen über unfaire Motive des Unternehmens (z. B. Ausnutzen der Marktmacht zum Zwecke der Profitmaximierung) anstellen.

Unternehmen signalisieren ihren Kunden mit **Price-Matching-Garantien** – dem Versprechen, die Differenz zwischen gezahltem und niedrigerem Wettbewerbspreis zu erstatten – ein niedriges Preisniveau, das die Kaufwahrscheinlichkeit erhöht und die Suche nach weiteren Optionen reduziert [50, 51].

Das Signal wird aus Kundensicht als glaubwürdig wahrgenommen. Grund hierfür ist, dass Price-Matching-Garantien mit hohen Kosten und einer Intensivierung des Preiswettbewerbs verbunden sind, die für Unternehmen mit einem relativ hohen Preisniveau zu finanziellen Verlusten führen. Daher werden Price-Matching-Garantien in der Regel von Unternehmen mit niedrigen Preisen angeboten [52, 53].

Insbesondere die Forschung im Handelsmarketing hat zu einer beträchtlichen Anzahl an Studien geführt, die ein breites Spektrum an Gestaltungsparametern von **Rabattdarstellungen** und **Preisvergleichen** untersuchen (siehe Studienübersichten von [21, 54–56]). In der aktuellen Preisforschung wurden u. a. die Schriftgröße und -farbe von Preisen, die visuelle Platzierung des ursprünglichen Preises relativ zum reduzierten Preis (links versus rechts), der Ort der Wahrnehmung (Anzeige zu Hause versus Banner im Supermarkt), die numerische Darstellung von Rabatten (absoluter versus prozentualer Wert), die Konkretheit von Rabatten („bis zu 70 %" versus „50 %"), der numerische Wert des Rabatts (20 % vs. 5 EUR) oder der gewählte externe Referenzpreis (unverbindliche Preisempfehlung des Herstellers, bisheriger Preis desselben Händlers, Preis eines anderen Produkts desselben Händlers, Preis desselben Produkts bei konkurrierenden Händlern) analysiert.

2.3 Zahlungsparameter

▶ **Definition Zahlungsparameter** beziehen sich auf die Gestaltung des konkreten Zahlungsprozesses aus Kundensicht.

Ein Transaktionsprozess setzt sich aus drei Phasen zusammen – Kauf, Zahlung und Konsum –, wobei die Reihenfolge dieser drei Phasen austauschbar ist. Am Beispiel eines langlebigen Gebrauchsguts schließt ein Konsument einen Kaufvertrag (1. Kauf), zahlt den vereinbarten Kaufpreis (2. Zahlung) und nutzt das Produkt für mehrere Jahre (3. Konsum). Im zweiten Beispiel eines finanzierten Urlaubs bucht ein Kunde seine Reise (1. Kauf), fährt in den Urlaub (2. Konsum) und zahlt anschließend den Kredit für die Reise (3. Zahlung). Am dritten Beispiel eines Online-Wettbüros überweist ein Kunde einen Geldbetrag auf sein Online-Konto (1. Zahlung), platziert eine Wette (2. Kauf) und fiebert dem Ausgang des Sportereignisses entgegen (3. Konsum).

Diesem Verständnis folgend beziehen sich Zahlungsparameter auf die relative Positionierung der Zahlung im Transaktionsprozess, die Höhe der Zahlbeträge, die Häufigkeit von Zahlungen sowie das Mittel der Zahlung. Jede dieser Optionen und deren Kombinationen beeinflussen die subjektive Preiswahrnehmung, die in unterschiedlichem Konsumentenverhalten hinsichtlich Kauf und Konsum resultiert.

Die **relative Position** der Zahlung, d. h. die zeitliche Reihenfolge von Kauf, Zahlung und Konsum, beeinflusst das Konsumentenverhalten im Hinblick auf Kaufentscheidungen und Konsumintensität. Geht die Zahlung dem Konsum voraus, so stellten Gourville und Soman [57] fest, dass mit zunehmendem zeitlichen Abstand die subjektive Preiswahrnehmung zum Zeitpunkt des Konsums abnimmt – sog. Abschreibungseffekt (siehe Abschn. 3.3.2) – und die Intensität des Konsumverhaltens nachlässt [58]. Vergleichbar bestätigten Prelec und Loewenstein [59], dass Konsumenten eine Vorauszahlung gegenüber einer nach Konsum getätigten Bezahlung, beispielsweise einen finanzierten Urlaub, bevorzugen.

Bei identischem Gesamtpreis stehen die **Höhe** und die **Häufigkeit** von Zahlungen in einem reziproken Verhältnis, d. h. höhere, seltene Zahlungen stehen niedrigeren, häufigeren Zahlungen gegenüber. Studien zeigen im Kontext von Fitnessstudios auf, dass mit monatlichen Beitragszahlungen ein regelmäßigerer Studiobesuch einhergeht als mit der jährlichen Zahlung von Mitgliedsbeiträgen [60, 61]. Ähnlich verhalten sich monatlich zahlende Versicherungskunden, die ihre Versicherung durch häufigeren Versicherungsbetrug stärker in Anspruch nehmen als Kunden, die ihre Versicherung jährlich zahlen [62].

Der Einfluss des **Zahlungsmittels** auf die Kaufwahrscheinlichkeit wird bereits seit mehr als vier Jahrzehnten analysiert. Nachdem Diners Club, American Express, MasterCard und VISA ihre ersten Kreditkarten in den 1950er und 1960er Jahren in den Markt brachten, wies bereits Hirschman [63] im Jahre 1979 nach, dass Konsumenten eine größere Kaufneigung bei Kreditkartenkäufen im Vergleich zu Bargeldzahlungen zeigen. Dieses Ergebnis wurde in den folgenden Jahren bis zur heutigen Zeit wiederholt bestätigt [59, 64, 65].

Tab. 2.1 fasst die im Vorangegangenen vorgestellten Stellhebel der Preispräsentation abschließend zusammen.

Fazit

Unternehmen steht ein breites Portfolio an Preisdesignparametern zur Verfügung, das fortwährend erweitert und erforscht wird. Zur Unterstützung einer gezielten Preisgestaltung werden diese Parameter in drei unabhängige Dimensionen unterteilt: Preispräsentations-, Preisumfeld- und Zahlungsparameter.

Tab. 2.1 Übersicht über Preisdesignparameter. Quelle: Verkürzte Darstellung, entnommen aus [28]

Preisdesignparameter	Beispiele
Preispräsentationsparameter	
Gebrochene Preise und Ziffernfolgen	„9,99 EUR" statt „10,00 EUR"
Bezugsgröße	„0,55 EUR pro Tag" statt „200 EUR pro Jahr" „6 für 12 EUR" statt „1 für 2 EUR"
Aggregationsgrad	Mehrere Einzelpreise für mehrere Einzelkomponenten eines Leistungsangebots (Price Partitioning) statt eines Gesamtpreises (Price Bundling) und vice versa
Preisumfeldparameter	
Köderprodukte	Hinzufügen eines (Köder-)Produkts, das die Nachfrage nach einem Zielprodukt erhöht
Begleitende Kommunikation	Beispielsweise Begründung von Preiserhöhungen
Price-Matching-Garantien	Angebot, die Differenz des Kaufpreises zu Wettbewerbspreisen zu erstatten (Price Matching) oder zu überkompensieren (Price Beating)
Rabattdarstellungen und Preisvergleiche	
Art des Rabatts	Preisreduzierung versus kostenlose Produktbeigaben
Numerische Darstellung des Rabatts	Prozentualer Wert („50 % günstiger") versus absoluter Wert („10 EUR günstiger")
Visuelle Darstellung des Rabatts	Farbe und Größe der Schrift, örtliche Positionierung der Preisinformationen auf Medium (Internetseite, Broschüre, Brief)
Auditive Darstellung des Rabatts	Preiswahrnehmung wird unbewusst von der Länge und Phonetik des ausgesprochenen Preises bestimmt
Konkretheit des Rabatts	Konkreter Wert („50 % günstiger"), Bandbreite („20 % bis 70 % günstiger") oder Höchstwert („bis zu 70 % günstiger")
Referenzwert bei Rabattierungen und Preisvergleichen	Unverbindliche Preisempfehlung des Herstellers, ursprünglicher Produktpreis der Händlers, Peis eines ähnlichen Produkts des Händlers, Preis desselben Produkts bei Wettbewerbern

(Fortsetzung)

Tab. 2.1 (Fortsetzung)

Preisdesignparameter	Beispiele
Zahlungsparameter	
Zahlungszeitpunkt und relative Position der Zahlung	Vorkasse (vor Konsum) oder Finanzierung (nach Konsum)
Zahlungshöhe und -frequenz	Monatliche oder jährliche Zahlung
Zahlungsmittel	Kreditkartenzahlung oder Barkauf

Prozess der Verarbeitung von Preisinformationen

3

Kunden verarbeiten Preisinformationen, indem sie sie aufnehmen, bewerten und sowohl die ursprünglichen Preisinformationen wie auch das Bewertungsergebnis für einen späteren mentalen Zugriff speichern [13]. Entlang dieser Prozesskette werden jeweils zentrale Konzepte präsentiert, die den psychischen Verarbeitungsprozess von Preisinformationen aus Sicht des Konsumenten und das Ergebnis dieses Prozesses beschreiben (siehe Abb. 3.1).

3.1 Sensorische Aufnahme von Preisinformationen

3.1.1 Enkodierung von Ziffernfolgen

Die Popularität von gebrochenen Preisen ist zum Teil auf die kognitive Verarbeitung von Ziffernfolgen zurückzuführen [66]. Konsumenten gehen im Vergleich zweier Zahlen ziffernweise von **links nach rechts** vor und brechen den Vergleich ab, sobald eine Ziffer abweicht [67]. Sie wenden diese Heuristik an, um ihren kognitiven Aufwand zu reduzieren [68], ohne die Qualität der Bewertung signifikant zu verschlechtern. Der Abbruch der Bewertung führt dazu, dass Preise, die auf „9" enden, tendenziell unterschätzt werden.

Folgendes Beispiel illustriert diesen **Rundungseffekt** [68]: Wenn Konsumenten gebeten werden, sich zwei Preispaare (0,89 EUR/0,75 EUR) bzw. (0,93 EUR/0,79 EUR) anzuschauen und sich zu entscheiden, welches Angebot günstiger wirkt, wird sich die Mehrheit der Befragten für den Preis „0,79 EUR" entscheiden, obwohl die Preisdifferenz in beiden Fällen 0,14 EUR beträgt. Die Erklärung liegt darin, dass im ziffernweisen Vergleich von links nach rechts der Unterschied in der zweiten Preispaarung $(9 - 7 = 2)$ den der ersten $(8 - 7 = 1)$ übersteigt.

© Springer Fachmedien Wiesbaden GmbH, ein Teil von Springer Nature 2020
M. Husemann-Kopetzky, *Preispsychologie*, essentials,
https://doi.org/10.1007/978-3-658-29666-7_3

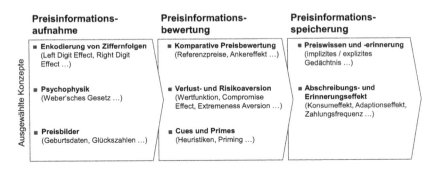

Abb. 3.1 Prozess der Preisinformationsverarbeitung

In einem ähnlichen Experiment wiesen Thomas und Morwitz [69] nach, dass Konsumenten eine Differenz von einem Cent nur dann als signifikant wahrnehmen, wenn mit der Differenz eine Veränderung einer linksseitigen Ziffer – sog. „**Left Digit Effect**" – verbunden ist, beispielsweise 2,99 EUR statt 3,00 EUR. Ansonsten nehmen Konsumenten dieselbe Differenz von einem Cent zwischen 3,59 EUR und 3,60 EUR nicht wahr. Der Rundungseffekt führt zu Widersprüchen gegenüber der Annahme, dass ein subjektiv wahrgenommener Preis einem objektiven Preis entspricht und sich so die subjektive Preiswahrnehmung proportional zu einem objektiven Preis verhält: Die Variation eines Preises von 2,99 EUR auf 3,00 EUR bewerten Konsumenten überproportional stark, während Konsumenten eine Veränderung von 3,59 EUR auf 3,60 EUR nicht wahrnehmen.

Als weitere Erklärung eines Rundungseffekts stellten Forscher [23] fest, dass Konsumenten objektive Preisinformationen auf eine interne Bewertungsskala übertragen, die Preise zur kognitiven Entlastung in gröberen Kategorien ablegt. Runde Preise markieren tendenziell einzelne Kategorien, wobei die Preispunkte – sog. **Preisschwellen** – zwischen zwei Kategorien zu Sprüngen in der Preiswahrnehmung führen [70]. Innerhalb einer Wahrnehmungskategorie ist der subjektive Preis identisch und die Nachfrage inelastisch in Bezug auf einen objektiven Preis [23]. Beispielsweise sank die Nachfrage bei einer 10 %igen Preiserhöhung für „Mumm"-Sekt von 4,99 EUR auf 5,49 EUR um 36 %, während eine Preiserhöhung um 10 % für Sekt der Marke „Fürst von Metternich" von 7,75 EUR auf 8,50 EUR nur zu einem Nachfragerückgang von 6 % führte [27, S. 176]. Es scheint, als ob im ersten Fall im Gegensatz zum zweiten eine Preisschwelle überschritten worden ist.

Unterscheiden sich Preise nur in den rechtsseitigen Ziffern – sog. „**Right Digit Effect**" –, konzentrieren sich Kunden nur auf diese Zahlen. Dabei bewerten

Kunden Preisunterschiede zwischen niedrigen Endziffern im Vergleich zu großen Ziffern als höher [71]. So nehmen Kunden beispielsweise den Unterschied
zwischen 222 EUR und 211 EUR als größer wahr als zwischen 199 EUR und
188 EUR [71], obwohl die relative Differenz im ersten Fall tatsächlich kleiner ist.
Die Begründung liegt darin, dass der relative Unterschied zwischen 2 und 1 50 %
beträgt, während 8 nur 11 % niedriger ist als 9.

▶ **Merksatz** Bei der kognitiven Verarbeitung von Ziffernfolgen bewirken
der „Right Digit Effect" und der „Left Digit Effect", dass Preise und
Preisunterschiede systematisch über- oder unterschätzt werden.

3.1.2 Psychophysik

Die Psychophysik ist eines der ältesten Forschungsgebiete der Psychologie und
widmet sich dem Zusammenhang zwischen äußeren physikalischen Reizen und
dem subjektiven Empfinden (vgl. [72]). Der mathematischen Fundierung der Phy-
sik folgend, lag der Fokus auf einer Quantifizierung der Relation zwischen der
Intensität des Reizes und der Stärke der Wahrnehmung. Mit dem **Weberschen
Gesetz** wurde eine bekannte Relation entwickelt: Je größer das Ausgangsniveau
eines Reizes ist, umso größer muss die Veränderung des Reizes sein, um wahrgenommen zu werden [72]. Hält ein Proband beispielsweise ein Gewicht von
100 g in der Hand, wird er ein zusätzliches Gewicht von weiteren 100 g wahrnehmen. Stemmt er jedoch ein Gewicht von 20 kg, wird ein zusätzliches Gewicht
von 100 g nicht weiter bemerkt werden.

Dieser Zusammenhang wird für die sensorische Wahrnehmung von Preisen ebenfalls angenommen (vgl. [19]). Ein Beispiel erläutert dies: Im Laborexperiment stellten sich Teilnehmer vor, dass sie im Begriff sind, eine Jacke für
(125 EUR) [15 EUR] und einen Taschenrechner für (15 EUR) [125 EUR] zu kaufen. Der Verkäufer teilt ihnen mit, dass der Taschenrechner in einer 20 min Fahr-
zeit entfernten Filiale im Angebot für (10 EUR) [120 EUR] sei. Würden sie die
Fahrt auf sich nehmen? 68 % der Befragten würden sich für die Ersparnis von
5 EUR auf den Weg machen, wenn der Taschenrechner 15 EUR kostet, allerdings
würden nur 29 % den Aufwand auf sich nehmen bei einem Preis des Taschen-
rechners von 125 EUR [73]. Das Beispiel verdeutlicht, dass die absolute Preis-
reduktion von 5 EUR abhängig vom bisherigen Preisniveau unterschiedlich stark
wahrgenommen wird.

Ein weiteres Konzept der Wahrnehmung von Preisen ist der „Schmerz",
den Kunden im Zahlungsprozess empfinden – der **„Pain of Paying"** [59].

Beispielsweise hängt dieser Zahlungsschmerz von der Art des gewählten Zahlungsmittels ab [74]. Je transparenter die getätigte Zahlung ist, d. h. je stärker man physisch bemerkt, dass eine Zahlung erfolgt (Bargeld abzählen versus Kreditkarte über RFID-Scanner halten) und je stärker dem Käufer die Höhe des gezahlten Betrages bewusst ist, desto intensiver ist der Zahlungsschmerz. Bargeldzahlungen werden von einer hohen Transparenz und einer entsprechend intensiven Preiswahrnehmung gekennzeichnet, während Lastschrifteinzüge oder Lohnsteuerzahlungen, welche direkt vom Arbeitgeber in Abzug gebracht werden, wenig transparent sind und folglich kaum bemerkt werden.

▶   **Merksatz** Die Wahrnehmung von Preisen und Preisveränderungen hängt von der Höhe des Preisausgangsniveaus und der Art des Zahlungsmittels ab.

3.1.3 Preisbilder

Kunden erkennen in einzelnen Ziffern und zusammenhängenden Ziffernfolgen eines Preises bestimmte Preisbilder (auch „Preisfiguren", [23]), die mit einer individuellen Bedeutung verbunden sind und bewusst oder unbewusst herausstehen.

Nehmen Kunden beispielsweise ihr **Geburtsdatum** im Preis (unbewusst) wahr, so beurteilen sie diesen Preis als attraktiver und zeigen eine höhere Kaufbereitschaft. In einer Studie wurden Versuchspersonen Angebote für einen Restaurantbesuch gezeigt [32]. Während der Dollarwert für alle Personen identisch war, enthielt der Cent-Betrag randomisiert den Tag des Geburtsdatums; war der Geburtstag des Probanden am 16. April, wurde der Preis in der Match-Bedingung als 39,16 EUR dargestellt (in der Non-Match-Bedingung wurde der Cent-Betrag um 5 Cent erhöht oder verringert). Anschließend wurde die Preisattraktivität aus Sicht der Studienteilnehmer abgefragt: Probanden mit Match-Bedingungen empfanden den Preis als deutlich attraktiver (4,96 von maximal 7 Punkten) als Befragte der Non-Match-Gruppe (3,64). Ein ähnlicher Effekt konnte auch für Sportfans nachgewiesen werden – in diesem Fall für Anhänger der Vereine Schalke 04 und BVB 09. Wurden Fußballfans an ihren Lieblingsverein unbewusst erinnert (Preisendung 04 bzw. 09), so haben sie eine höhere Kaufwahrscheinlichkeit gezeigt [75]. Der gegensätzliche Effekt trat ein, wenn Fans an den Erzrivalen ihres Vereins erinnert wurden.

Nicht nur auf individueller Ebene, sondern auch für Gruppen einer bestimmten Kultur und eines sozialen Kontexts sind bestimmte Ziffern mit einer Bedeutung versehen. Ein ähnliches Phänomen könnte z. B. für sog. **Glücks- oder Unglücks-zahlen** gelten. So entspricht im asiatischen Kulturkreis die Ziffer „8" dem Symbol für Glück, während die Ziffernkombination „13" in der abendländischen Kultur für Unglück steht.

Preisendungen nehmen Kunden als solche wahr und attribuieren eine besondere Eigenschaft des Preises oder Produktes. Kunden können mit bestimmten Preisendungen verschiedene Botschaften oder Signale verbinden [76]; beispielsweise, dass der Preis bei gebrochenen Preisen (z. B. „99,99 EUR") reduziert worden ist oder das entsprechende Produkt von niedriger Qualität ist. Bei runden Preisen (z. B. „100 EUR") vermuten Kunden eine höhere Qualität oder unterstellen, dass der Preis verhandelbar ist.

▶ Merksatz Einzelne Ziffern und Ziffernfolgen beinhalten für den Kunden Informationen und Assoziationen, die über den numerischen Wert hinausgehen.

3.2 Bewertung von Preisinformationen

3.2.1 Komparative Preisbewertung

Kunden fällt es schwer, Preise nach ihrem absoluten Niveau zu bewerten. Stattdessen vergleichen sie Preisinformationen mit einer bewusst oder unbewusst formulierten Messlatte wie beispielsweise dem zuletzt gezahlten Preis oder einer unverbindlichen Preisempfehlung. Diese Vergleichsmaßstäbe werden als **Referenzpreis** bezeichnet.

Dass Preise im Vergleich bewertet werden, wird mit dem **Ankereffekt** deutlich, der sich in unterschiedlichen Entscheidungssituationen – nicht nur bei Kaufentscheidungen – zeigt. Die Entscheidung eines vollkommen rationalen Individuums sollte von irrelevanten Informationen nicht beeinflusst werden. Jedoch zeigt sich regelmäßig, dass Menschen einen Ausgangswert – den sog. „Anker" – wählen und ihre Einschätzung auf diesem basierend ausfällt. In einem vielzitierten Experiment des späteren Nobelpreisträgers Daniel Kahneman und seinem langjährigen Forschungskollegen Amos Tversky [77] wurden Probanden befragt, welchen prozentualen Anteil afrikanische Staaten in den Vereinten Nationen ausmachen. Dazu wurde zuerst im Beisein der Teilnehmer ein Glücksrad mit Werten zwischen 0 und 100 gedreht. Angesichts dieser zufällig ermittelten Zahl wurden die Teilnehmer gebeten einzuschätzen, ob der tatsächliche Wert ober- oder unterhalb dieser

(Zufalls-)Zahl liegt und wie hoch der tatsächliche Wert ist. Würde kein Ankereffekt vorliegen, sollten die Schätzwerte der Probanden identisch sein. Doch es zeigte sich, dass Studienteilnehmer, denen ein Wert von 10 angezeigt worden war, einen Anteil von 25 % schätzten, während Teilnehmer, die einen Wert von 65 sahen, eine Schätzung von 45 % angaben. Dieser Ankereffekt wird selbst dann bestätigt, wenn Teilnehmer für die Genauigkeit einer Schätzung bezahlt werden [77], auf die Wirkung von Ankereffekten hingewiesen werden [78] oder der Anker absurde Werte annimmt („Liegt die durchschnittliche Temperatur in San Francisco über oder unter 558 °F/292 °C?", [79]).

Der Ankereffekt beeinflusst menschliches Entscheidungsverhalten auch außerhalb des Labors. Auf Kunstauktionen wirkt der ursprüngliche Preis gebotserhöhend oder -senkend als Anker [80], Immobilienbewertungen professioneller Immobilienmakler werden von Kaufpreisvorstellungen des Verkäufers bestimmt [81], Finanzmarktexperten lassen sich von irrelevanten historischen Entwicklungen beeinflussen [82] und selbst bei Richtern im Gerichtssaal wirkt die Forderung des Staatsanwalts auf die Höhe der verhängten Strafe [83].

Kunden entwickeln mit Preiserfahrungen aus vergangenen Käufen oder Preiserwartungen an zukünftige Käufe einen Preis oder eine Preisspanne, die sie als normal oder angemessen definieren – den sog. **internen Referenzpreis** [84, 85]. Die Höhe des internen Referenzpreises wird von Helson's Adaptionsniveautheorie begründet [86], nach der Konsumenten durch wiederholte Preiserfahrungen einen internen Referenzpreis (synonym: „mittleres Preisempfinden" in der Terminologie der Preisforschung nach Diller [23] bzw. „Adaptionsniveau" entsprechend der Adaptionsniveautheorie) für bestimmte Produkte entwickeln, der die Summe aller Preiserfahrungen repräsentiert. Die Assimilations-Kontrast-Theorie von Sherif und Hovland [87] erklärt, dass die Entscheidung, eine Preisinformation zu assimilieren und den internen Referenzpreis in entsprechender Weise zu verändern, von der Abweichung zum bisherigen internen Referenzpreis abhängt. Je weiter die neue Preisinformation vom aktuellen internen Referenzpreis abweicht, desto höher ist die Wahrscheinlichkeit, dass diese Information kontrastiert und vom Konsumenten nicht aufgenommen wird und damit der interne Referenzpreis unverändert bleibt [85].

Demgegenüber werden **externe Referenzpreise** vom Verkäufer dem Kunden in Form von unverbindlichen Preisempfehlungen, dem bisherigen Verkaufspreis, dem Preis vergleichbarer Produkte derselben Kategorie oder dem Preis desselben Produkts bei anderen Händlern präsentiert. Die Forschung hat mindestens 26 Konzepte von Referenzpreisen zusammengetragen, die die Vielfalt an Quellen, aus denen Kunden ihren Referenzmaßstab bilden können,

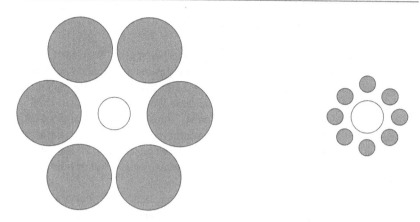

Abb. 3.2 Kontrasteffekt am Beispiel der Ebbinghaus-Illusion

verdeutlichen [88]. Entsprechend der Assimilations-Kontrast-Theorie wirken externe Referenzpreise in zweierlei Weise. Zum einen stellen sie eine Gruppe von Preisinformationen dar, die einen internen Referenzpreis des Kunden effektiv erhöhen können. Externe Referenzpreise fungieren als **Assimilationsanker,** der den internen Referenzpreis in Richtung des Ankers verschiebt [89]. Zum anderen beeinflussen sie als Preisumfeldparameter die Wahrnehmung eines fokalen Preises. Eine Handtasche von Louis Vuitton für mehrere Tausend Euro lässt ein T-Shirt für 100 EUR günstig erscheinen. Diese relative Bewertung von Preisen im zweiten Fall nutzen einen **Kontrasteffekt,** der in der bekannten Ebbinghaus-Illusion grafisch deutlich wird (siehe Abb. 3.2). Auch wenn beide weißen Kreise eine identische Größe haben, bewirkt die Größe der umliegenden grauen Kreise, dass der mittlere Kreis auf der linken Seite im Vergleich zum rechten mittleren Kreis kleiner erscheint.

In diesem Fall wirkt der externe Referenzpreis als **Kontrastanker,** der die Bewertung des fokalen Preises – ohne Veränderung des internen Referenzpreises – beeinflusst [89].

Festzuhalten bleibt, dass Kunden einen Preis relativ zu einem internen und/oder externen Referenzpreis beurteilen. Wie dieser Vergleich aus Sicht des Kunden bewertet wird, beschreibt der folgende Abschnitt.

▶ **Merksatz** Kunden bewerten einen Preis nicht absolut, sondern in Bezug auf einen internen und/oder externen Referenzpreis.

3.2.2 Verlust- und Risikoaversion

Angenommen, Ihnen wird folgende Wette angeboten: Ihr Wetteinsatz beträgt 10 EUR. Eine Münze wird geworfen. Bei Kopf gewinnen Sie einen bestimmten Betrag; wird Zahl angezeigt, verlieren Sie Ihre 10 EUR. Welchen Betrag müssten Sie mindestens gewinnen können, damit Sie diese Wette eingehen?

Vollkommen rational handelnde Personen würden bei dieser 50:50-Chance „mindestens 10 EUR" angeben. Diese Wette wurde Probanden tatsächlich angeboten, mit dem Ergebnis, dass der Gewinn mindestens 20 bis 25 EUR betragen müsste [90]. Verluste werden als stärker negativ wahrgenommen als Gewinne positiv empfunden werden.

Bei der Beurteilung von Preisen – oder finanziellen Ergebnissen im Allgemeinen – haben Kahneman und Tversky eine **Wertfunktion** im Rahmen der **Prospect Theory** erhoben, die von folgenden Charakteristika gekennzeichnet wird [41, 91]:

- **Referenzpunktbezug:** Statt absoluter Niveaus betrachtet die Wertfunktion Differenzen gegenüber einem Referenzpunkt.
- **Abnehmender Grenznutzen:** Die Wertfunktion unterstellt einen abnehmenden Grenznutzen und nimmt für positive Veränderungen (Gewinne) einen konkaven und für negative Veränderungen (Verluste) einen konvexen Verlauf an.
- **Verlustaversion:** Wie beschrieben, gewichten Konsumenten einen Verlust stärker negativ als einen identischen Gewinn positiv. Damit verläuft die Wertfunktion für Verluste steiler als für Erträge.

Abb. 3.3 skizziert den Verlauf einer hypothetischen Wertfunktion.

Überschreitet bzw. unterschreitet ein Preis einen internen oder externen Referenzpreis, so bewerten Kunden die Differenz als Verlust bzw. als Gewinn, wobei Preisüberschreitungen stärker negativ bewertet werden als Preisunterschreitungen positiv. Auch wurde empirisch nachgewiesen, dass Verluste als stärker empfunden werden, wenn sie in Bezug auf interne – statt externe – Referenzpreise entstehen [92, 93].

Neben dem Vergleich von Preisen mit Referenzpreisen kann auch das aktuelle Vermögen als Bezugsgröße gewählt werden, sodass jede Zahlung als Veränderung des Vermögens betrachtet wird. Insofern ergeben sich allgemeine und direkte Implikationen für die **Präsentation des fokalen Preises** eines Produkts sowie die **Preispositionierung** unterschiedlicher Produkte.

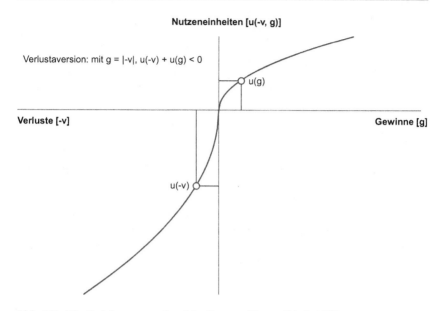

Abb. 3.3 Wertfunktion entsprechend der Prospect Theory [91, S. 279]

Implikationen der Verlustaversion für die Preispräsentation
Der Verlauf der Wertfunktion weist mehreren kleinen Preisen in Summe einen
höheren negativen Wert zu als einer einmaligen Zahlung in Höhe der Gesamt-
summe. Diese Erkenntnis zeigt, dass es empfehlenswert ist, Preise aus Kundensicht möglichst zu **bündeln**. Nicht nur Preise, sondern auch Zahlungen sind
möglichst zusammenzufassen. So zeigt eine Studie, dass regelmäßige monatliche
Prämienzahlungen für einen Versicherungsvertrag stärker negativ wahrgenommen
werden als eine einmalige jährliche Zahlung [62]. Da Preise und Zahlungen stärker negativ wahrgenommen werden, als Gewinne bzw. Rabatt positiv, so sind
in der Regel Rabatte mit Preisen zu verrechnen und nicht separat auszuweisen.
Das heißt, ein Preis von 99 EUR in Verbindung mit einem Rabatt in Höhe von
10 EUR wird in Summe als negativer wahrgenommen als ein Gesamtpreis von
89 EUR. Es besteht allerdings eine Ausnahme zu dieser Regel: Die Wertfunktion
weist in unmittelbarer Nähe des Ursprungs eine hohe Steigung auf, die mit größe-
rem Abstand abnimmt. Dieser Verlauf bedeutet, dass eine absolut identische Differenz mit zunehmender Größe als weniger intensiv wahrgenommen wird – eine
Preissteigerung um 5 EUR wird bei einem Ursprungspreis von 5 EUR stärker

wahrgenommen als bei einem Preis von 100 EUR. Für Gewinne gilt dasselbe. Ist der Preis bereits relativ hoch und der Rabatt relativ klein, so übersteigt der wahrgenommene Nutzen des Rabattes den Nutzen einer entsprechender Preis-reduktion. In dieser Konstellation (hoher Preis, niedriger Rabatt) ist die separate Darstellung von Preis und Rabatt im Sinne der Wertfunktion vorteilhafter – daher wird diese Konstellation auch als „Silver Lining" bezeichnet [41].

Implikationen der Verlustaversion für die Preispositionierung
Angenommen, ein Markt besteht aus drei Produkten, die hinsichtlich zwei Dimensionen – beispielsweise Preis und Qualität – bewertet werden und einan-der nicht dominieren, d. h., kein Produkt erzielt in allen Dimensionen die höchste Bewertung. Da Kunden Verluste stärker negativ wahrnehmen als Gewinne positiv, werden Kunden wahrgenommene Verluste im Sinne von Nachteilen in einer der beiden Dimensionen möglichst reduzieren. Dazu vermeiden sie extreme Produkt-optionen mit großen Vor- und Nachteilen in beiden Dimensionen („**Extreme-ness Aversion**") und tendieren zu einer mittleren Option mit mittleren Vor- und Nachteilen – dem Kompromiss („**Compromise Effect**") [94]. Dieses Verhalten unterstützt den Konsumenten, seine Kaufentscheidung sich oder Dritten gegen-über zu rechtfertigen [95]. In einer Studie wurden Versuchsteilnehmern zwei qualitativ unterschiedliche Kameras (Minolta X370 und Minolta Maxxum 3000i) zu zwei unterschiedlichen Preisen (169,99 EUR bzw. 239,99 EUR) präsentiert und die Auswahlentscheidung abgefragt [94]. Beide Kameras erhielten einen „Marktanteil" in dem Experiment von jeweils 50 %. Nun wurde eine dritte, hoch-preisige Alternative hinzugefügt (Minolta Maxxum 7000i für 469,99 EUR) und dieselbe Abfrage mit anderen Probanden durchgeführt. Diese zusätzliche Alter-native führte dazu, dass sich mehr als die Hälfte des Marktanteils des günstigeren Modells auf höherpreisige Optionen verschob: Der Marktanteil der günstigsten Alternative reduzierte sich auf 22 % zugunsten der mittleren Alternative (57 %) und der höchstpreisigen Option (21 %).

Die Vorstellung eines sich rechtfertigenden Käufers erklärt auch einen wei-teren Effekt, der sich aus unterschiedlichen Preispositionierungen ergibt: den Anziehungseffekt oder im allgemeinen Sprachgebrauch **Ködereffekt** („Decoy Pricing") [47, 95]. Dieser Effekt wird nicht durch die Verlustaversion erklärt, passt jedoch inhaltlich in diesen Abschnitt zur Preispositionierung. Angenommen, ein Markt teilt sich auf zwei nicht-dominante Produkte auf, die in zwei Dimen-sionen bewertet werden. In diesem Fall sollte das Hinzufügen eines Produk-tes („Köders"), das von einem der beiden existierenden Produkte – und damit asymmetrisch – dominiert wird, die Entscheidung der Kunden bei der Produktwahl nicht beeinflussen. Das hinzugefügte Produkt bewirkt jedoch tatsächlich, dass sich der Marktanteil in Richtung des dominierenden Produkts verschiebt, ohne dass es selbst eine nennenswerte Nachfrage auf sich zieht [96]. Eine Erklärung liegt darin, dass mit dem Köderprodukt, das vom Zielprodukt dominiert wird, eine eindeutige Begründung geliefert wird, das Zielprodukt zu kaufen. Anderenfalls müsste sich der Käufer seiner Präferenzen vollkommen im Klaren sein und seine Abwägung zwischen den beiden ursprünglichen Produkten explizit treffen und ggf. einem Dritten gegenüber begründen.

In einer Studie wurden zwei Biermarken mit folgenden Leistungsmerkmalen zur Wahl gestellt: Marke 1 mit einer Qualitätsbewertung von 65 Punkten zu einem Preis von 1,90 EUR und Marke 2 mit einer Qualität von 75 Punkten zu einem Preis von 2,80 EUR [95]. Die Marken erzielten in der ersten Befragung einen Marktanteil von 31 % bzw. 69 %. Wird die Marke 1 als Zielprodukt ausgewählt und ein entsprechender Köder präsentiert (Köder 1 mit einer Qualität von 65 Punkten zu einem Preis von 2,20 EUR), so verschieben sich die Marktanteile zugunsten der Marke 1 von 31 % auf 43 %, während der Anteil der Marke 2 von 69 % auf 55 % sinkt – der Köder selbst erzielt 2 %. Wechselt das Zielprodukt auf die Marke 2 und wird ein angepasster Köder (Köder 2 mit einer Qualität 75 Punkten zu 3,10 EUR) hinzugefügt, so reduziert sich der Marktanteil der Marke 1 von 31 % auf 19 %, wobei der Anteil der Marke 2 von 69 % auf 77 % steigt – der Köder vereinigt 4 % auf sich. Mit der Wahl des richtigen Köders kann das eine oder das andere Produkt aus Sicht des Kaufentscheiders attraktiver gestaltet werden.

Kunden vermeiden nicht nur Verluste, sondern auch Risiken – im Sinne der Wahrscheinlichkeit, ein negatives Erlebnis zu erfahren. Ein Gedankenexperiment veranschaulicht diese **Risikoaversion** und einen resultierenden Sicherheitseffekt bzw. **Sicherheits-Bias** [91]. Angenommen, Sie spielen russisches Roulette und erhalten die Möglichkeit, für einen bestimmten Betrag eine Patrone aus den sechs Kammern des Revolvers entfernen zu lassen. Würden Sie genauso viel dafür bezahlen, die Anzahl der Patronen von vier auf drei zu verringern, wie von einer auf keine? In beiden Konstellationen reduzieren Sie die Wahrscheinlichkeit Ihres Todes um 1/6, und der Betrag sollte für streng rational Handelnde identisch sein. Doch die meisten Befragten würden für die zweite Optionen einen höheren Betrag zahlen als für die erste – und sind bereit, eine „Sicherheitsprämie" zu leisten. Dieser Sicherheitseffekt erklärt zum Teil den Erfolg von Flat-Rate-Tarifen. Kunden „versichern" mit diesen Tarifen das Risiko ungeplant hohe Kosten – auch wenn ein Pay-per-Use-Tarif günstiger wäre [97].

Background: Unser risikoscheues Erbe
Warum sind Menschen tendenziell verlust- und risikoscheu? Die Evolutionsbiologie liefert eine Antwort [98]. Vor rund zwei Millionen Jahren lebten unsere Vorfahren als Jäger und Sammler in der Steinzeit unter harschen Bedingungen. Selbst geringe Verluste von Nahrungsmitteln oder Schutzbehausungen konnten den Tod bedeuten. Unter diesen Umständen entwickelte sich eine starke Verlustaversion, die das Überleben sicherte. Erst vor zehntausend Jahren fanden unsere Ahnen den Fortschritt zur Landwirtschaft und sicherten sich ihre regelmäßige Nahrungsversorgung. Gemessen an der Länge der Menschheitsgeschichte verbrachten unsere Vorfahren mehr als 99 % als Jäger und Sammler [99]. Ein Zeitraum von zehntausend Jahren wird gemeinhin als zu kurz angesehen, um Veränderungen in der Evolution zu bewirken [98]. So finden sich in uns heute noch Prädispositionen wieder, die bereits unsere steinzeitlichen Vorfahren in sich trugen. Daher ist es kein Zufall, dass Levy [100] erklären konnte, dass der Faktor der Verlustaversion und die Wahrscheinlichkeit des Aussterbens einer Familie in Relation stehen – und Forscher der Yale University Risikoaversion als Überlebensinstinkt selbst in Kapuzineräffchen nachwiesen [101].

▶   **Merksatz** Kunden scheuen Verluste und Risiken. Damit verbundene Effekte haben direkte Implikationen für die Kundenwahrnehmung von Preisen und Auswahlentscheidungen – und infolgedessen auf die Gestaltung von Preisen, des Preisumfeldes (Stichwort „Köderpreise") und von Zahlungen.

3.2.3 Cues und Primes

Die Aufmerksamkeit und Aktivierung von mental gespeicherten Informationen von Kunden kann mit Hilfe von gezielt gesetzten Reizen beeinflusst werden. Diese Reize werden als „Cues" oder „Primes" bezeichnet, wenn sie den Kunden auf bewusster bzw. unbewusster Ebene beeinflussen [102, 103].

Beeinflussung auf kognitiver Ebene
Cues sind Hinweisreize, die kognitive Gedankengänge von Konsumenten beeinflussen.

Konsumenten nutzen in komplexen Entscheidungssituationen unter Unsicherheit vereinfachende Heuristiken, um eine Entscheidung im Rahmen der verfügbaren mentalen Kapazitäten zu treffen. Dazu gründen Kunden ihre Entscheidung auf wenige verfügbare Informationen. Laut einer vielzitierten Studie von Miller [104] können Menschen nicht mehr als sieben Nummern oder Konzepte gleichzeitig zur Entscheidungsfindung heranziehen.

Ein erstes Beispiel ist die Höhe des Preises. Kann die Qualität des Produktes nicht ohne Weiteres beurteilt werden, tendieren Kunden dazu, eine **Heuristik** anzuwenden: je höher der Preis, desto besser das Produkt [105]. Diese Heuristik führt dazu, dass Kunden tatsächlich erwarten, dass die Qualität der Leistung besser ist, und nehmen diese Leistung schließlich auch als besser wahr. Der Preis wirkt als Cue für die Bewertung des Preis-Leistungs-Verhältnisses. Ein Effekt, der in der Kaufentscheidung vor Konsum als Preis-Qualitäts-Inferenz und nach Konsum als Placeboeffekt bezeichnet wird. Shiv et al. [106] wiesen einen Placeboeffekt von Preisen nach, indem Studenten nach Konsum eines normal gepreisten Energydrinks mehr Rätsel lösen konnten als eine Vergleichsgruppe, deren Energydrink preislich reduziert war. Ähnliche Effekte wurden für Schmerztabletten (Wirkung) oder Getränke (Geschmack) gezeigt, sie konnten selbst im Gehirnscan neuronal nachgewiesen werden [107].

Background: Heuristiken und kognitive Verzerrungen

Wie der Nobelpreisträger Herbert Simon [108] feststellte, reichen die menschlichen geistigen Kapazitäten häufig nicht aus, um komplexe Aufgaben objektiv optimal und vollkommen rational zu lösen. Menschen verhalten sich zwar grundsätzlich rational, jedoch innerhalb natürlicher Grenzen, d. h. „begrenzt rational". Daher wenden Menschen **Heuristiken** als Faustformeln an, um komplexe Aufgaben auf mental einfachere Operationen zu reduzieren [77]. Ein **Bias** ist eine kognitive Verzerrung, die sich aus der Anwendung von Heuristiken ergibt [109].

Die „1/n-Heuristik" liefert ein anschauliches Beispiel für eine Heuristik. Stellen Sie sich vor, Sie haben drei Freunde zu Besuch und schneiden einen Kuchen an. Statt die Größe der einzelnen Stücke nach den individuellen Präferenzen – wie Hunger, Vorliebe für Endstücke etc. – zu optimieren, teilen Sie den Kuchen in vier gleich große Stücke auf und jeder erhält 1/4 des Kuchens.

Der bereits eingeführte **Ankereffekt** ist eine andere Heuristik, um den mentalen Aufwand zu reduzieren. Statt intensiv über die Höhe eines Wertes nachzudenken und diesen „aus der Luft zu konstruieren", wird ein Ausgangswert ausgewählt und entsprechend angepasst. Der Ankereffekt und der damit einhergehende Bias erklären sich u. a. dadurch, dass der Anpassungsprozess nicht vollständig erfolgt und die Einschätzung in der Nähe des Ankers verbleibt (für weitere Erklärungsansätze siehe [110]). Eine andere prominente Heuristik ist der **Halo-Effekt:** Aus einem globalen Eindruck wird auf spezifische, unbekannte Eigenschaften geschlossen. Sollen soziale Eigenschaften oder die Lebensqualität von Personen eingeschätzt werden, so wird von der Attraktivität einer Person auf diese nicht beobachtbaren Eigenschaften geschlossen – die Heuristik lautet „Was schön ist, ist auch gut" [111]. Gut aussehenden Menschen werden tendenziell positivere Eigenschaften zugeschrieben als weniger attraktiven Menschen – auch wenn diese Eigenschaften objektiv nicht in Verbindung mit den einzuschätzenden Charakteristika stehen.

Der **Transaktionsnutzen** ist ein zweites Konzept, das die Wirkung von bewusst wahrgenommenen Cues erklärt. Der Nobelpreisträger Richard Thaler [41] zeigte, dass Konsumenten bei der Bewertung von Kaufentscheidungen einen Akquisitions- und einen Transaktionsnutzen berücksichtigen. Die (neo-)klassische

Mikroökonomie benennt den maximalen Preis, den ein Konsument für ein Produkt bereit ist zu zahlen, als Reservationspreis (p_{Res}). Der Reservationspreis entspricht so dem in monetäre Einheiten übersetzten Produktnutzen. Der **Akquisitionsnutzen** (U_A) – oder auch Konsumentenrente im Sprachgebrauch der Mikroökonomen – wird nun aus der Differenz zwischen dem Reservationspreis und einem tatsächlich gezahlten Preis (p_T) abgeleitet. Der **Transaktionsnutzen** (U_T) geht über den Wert des Produktes hinaus und umfasst die „atmosphärische" Bewertung – d. h. die Freude oder das Missfallen – des Kaufs. Hierzu vergleicht ein Konsument einen „fairen" Referenzpreis (p_{Ref}) mit dem tatsächlich zu zahlenden Preis. Die Summe aus Akquisitions- und Transaktionsnutzen bildet den Gesamtnutzen (U_G) einer Kaufentscheidung: $U_G = U_A(p_{Res} - p_T) + U_T(p_{Ref} - p_T)$. Ein Beispiel soll dieses Konzept verdeutlichen: Sie liegen mit Freunden am Strand und verspüren ein ausgeprägtes Verlangen nach Ihrem Lieblingsbier. Ein Freund erklärt sich bereit, zum nächstgelegenen (a) Supermarkt/(b) Luxushotel zu gehen und Getränke mitzubringen. Er fragt Sie nach dem Preis, den Sie zu zahlen bereit wären. Welche Antwort geben Sie im Fall (a) und im Fall (b)?

Thaler [41] fand in diesem Gedankenexperiment heraus, dass der durchschnittlich genannte Preis im Fall des Supermarktes bei 1,50 EUR und im Fall des Luxushotels bei 2,65 EUR lag. Warum differieren diese Preise, wenn in beiden Fällen die Konsumerfahrung dieselbe ist? Der Akquisitionsnutzen ist in beiden Fällen identisch. Der Preisunterschied liegt in einem unterschiedlichen Transaktionsnutzen aufgrund differierender Referenzpreise. Die wahrgenommene Fairness beeinflusst die Höhe der Referenzpreisannahmen, denn die Befragten unterstellten implizit, dass die Kostensituation in beiden Konstellationen unterschiedlich und ein höherer Referenzpreis für das Luxushotel gerechtfertigt ist. Der Supermarkt bzw. das Luxushotel wirken in diesem Fall als Cue.

Ein anderes Beispiel: Angenommen, eine Dame entdeckt im Schuhladen ein Paar Stiefel für 150 EUR. Eigentlich hat sie bereits genügend Stiefel und bewertet den Reservationspreis mit 100 EUR. Der Stiefel wurde allerdings glaubhaft von 250 EUR reduziert. Die Angabe der Preisreduktion wirkt hier als Cue. Die Gesamtnutzenfunktion lautet demnach: $U_G = U_A(100\,EUR - 150\,EUR) + U_T(250\,EUR - 150\,EUR)$. Je nach Gewichtung der Akquisitions- und Transaktionsnutzenfunktion wird erklärt, weshalb Stiefel gekauft werden, die „man eigentlich nicht braucht".

Was bedeutet der Transaktionsnutzen für Cues? Kunden erzeugen vor dem Hintergrund unterschiedlicher Hinweisreize eine Vorstellung von einem fairen Referenzpreis. Cues können so gesetzt werden, dass der faire Referenzpreis aus Kundensicht angehoben wird. Im genannten Beispiel könnte der Supermarkt eine luxuriöse Bar einbauen [41].

Und schließlich werden als drittes Beispiel **mentale Konten** vorgestellt. In Anlehnung an die traditionelle Buchhaltung richten Konsumenten mentale Konten ein, um Erträge und Aufwendungen, die mit dem Konsum von Produkten und Dienstleistungen einhergehen bzw. allgemein im Rahmen von Transaktionen entstehen, aufzuzeichnen und zu bewerten [112]. Für unterschiedliche Kategorien von Transaktionen führen Konsumenten separate Konten, die voneinander unabhängig verwaltet werden. Diese Trennung mentaler Konten sorgt dafür, dass in den einzelnen Konten verbuchte Gelder nicht untereinander substituierbar (d. h. fungibel) sind und damit das Konsumentenverhalten beeinflussen. Folgendes Beispiel verdeutlicht die Funktionsweise mentaler Konten (in Anlehnung an [41]): Familie Müller hat 10.000 EUR für ein späteres Studium ihrer dreizehnjährigen Tochter zurückgelegt. Der Betrag liegt auf einem Sparbuch zu einem jährlichen Zinssatz von 2 %. In diesem Jahr plant Familie Müller einen gemeinsamen Sommerurlaub in der Toskana und nimmt einen Kredit von 3000 EUR zu 8 % auf.

Würde sich Familie Müller ökonomisch rational verhalten, hätte sie 3000 EUR vom Sparbuch abgehoben und für den Urlaub verwendet, statt zu einem höheren Zinssatz einen Kredit aufzunehmen. Doch Familie Müller hat zwei mentale Konten eingerichtet, deren zugewiesene Budgets nicht austauschbar sind: „Ausbildungskonto" und „Urlaubskonto".

Konsumenten richten mentale Konten zur Selbstkontrolle ein [113]. Sie weisen diesen Konten Budgets zu und überwachen deren Einhaltung. Sobald das zugewiesene Budget aufgebraucht ist, werden weitere Ausgaben vermieden. Cues könnten dabei genutzt werden, um Konsumenten Hinweise zur Zuordnung von Ausgaben zu Konten zu liefern und damit unterschiedliche Budgets anzusprechen. Beispielsweise könnte ein Kunstdruck kommunikativ so positioniert werden, dass es dem Konto „Investition in die Wohnung" statt dem geringer budgetierten Konto „Deko" zugewiesen wird.

Beeinflussung auf unbewusster Ebene
Primes wirken als Hinweisreize „im Hintergrund" und werden von Konsumenten unbewusst aufgenommen und berücksichtigt – ein Vorgang, der als „Priming" bezeichnet wird [114]. Werden Kunden einem Prime ausgesetzt, so aktiviert dieser bestimmte mentale Konzepte, die den Zugang zu gespeicherten Informationen erleichtern. Als Analogie kann eine Brille dienen, die Kunden aufgesetzt wird, um Informationen aus einer bestimmten Perspektive wahrzunehmen und zu bewerten.

Wie Priming funktioniert, veranschaulicht ein Experiment zum Online-Kauf [115]. Probanden wurden zu zwei Produkten (Autos und Sofas) jeweils zwei Alternativen (niedriger Preis/niedrige Qualität und hoher Preis/hohe Qualität) präsentiert und sie wurden befragt, für welche Alternative sie sich entscheiden würden. Als Prime wurde der Bildschirmhintergrund so manipuliert, dass die mentalen Konzepte „Preis", „Sicherheit" oder „Komfort" angesprochen wurden. Im Fall von Autos sahen unterschiedliche Studiengruppen entweder rotorangefarbene Flammen (Prime für Sicherheit) oder Dollarzeichen vor grünem Grund (Prime für Preis). Für die Sofa-Aufgabe wurden Wolken mit blauem Grund (Prime für Komfort) oder Penny-Münzen vor einem grünen Hintergrund (Prime für Preis) erzeugt.

Die Effektivität des Primings war deutlich. Sahen Probanden den Bildschirmhintergrund mit Preis-Prime, wählten 58 % die Auto-Alternative mit niedrigem Preis/niedriger Qualität im Vergleich zu 47 %, die dem Sicherheits-Prime ausgesetzt waren. Die Sofa-Ergebnisse waren ähnlich: 49 % wählten die günstigere Option im Preis-Prime und nur 39 % im Komfort-Prime.

Ein anderes Beispiel im Online-Kontext analysierte den Einfluss von Farben auf Konsumenten [34]. Verschiedene eBay-Auktionen wurden für eine Spielekonsole angelegt. Das Banner am Kopf der Seite wurde jeweils in den Farben Rot oder Blau präsentiert. Die Farbe Rot verstärkt nachweislich aggressive Emotionen. Eine erhöhte Aggressivität führte dazu, dass Kunden höhere Gebote in Auktionen abgaben, niedrigere Angebote in Verhandlungssituationen unterbreiteten und geringere Zahlungsbereitschaften bei Festpreisangeboten zeigten.

▶   **Merksatz** Konsumenten berücksichtigen Hinweisreize sowohl
    bewusst wie auch unbewusst bei der Bewertung von Preis-
    informationen. Aus Anbietersicht kann das Setzen von Cues und Pri-
    mes als „Anstupsen" von Konsumenten in die gewünschte Richtung
    verstanden werden [116].

3.3   Speicherung von Preisinformationen

3.3.1   Preiswissen und -erinnerung

Kunden lernen auf Basis von Beobachtungen und Kauferfahrungen Preisinformationen und speichern diese zum späteren Zugriff im Gedächtnis [23]. Preisinformationen werden entweder im expliziten oder im impliziten Gedächtnis abgelegt [17, 117]. Das **explizite Preiswissen** setzt sich aus Preisinformationen zusammen (z. B. exakte, numerische Preisdaten), die bewusst im Gedächtnis abgelegt und wieder entnommen werden können – hierunter wird z. B. ein Faktenwissen wie exakte, numerische Preisdaten verstanden. **Implizites Preiswissen** umfasst alle Preisinformationen, die unbewusst gespeichert wurden, aber Kunden beispielsweise dennoch in die Lage versetzen, den Preis eines Produkts zu beurteilen, ohne einen Vergleichspreis explizit benennen zu können. Das Konzept des internen Referenzpreises ist eng mit dem impliziten Preiswissen verknüpft.

Auch der **Lernprozess** findet entweder bewusst oder unbewusst statt [117]. Beim bewussten Preislernen informieren sich Nachfrager gezielt über Preise und setzen sich mit diesen Preisinformationen intensiv auseinander. Von unbewusstem Preislernen wird gesprochen, wenn Kunden Preisinformationen unbeabsichtigt wahrnehmen und sich diese dennoch merken. Hierzu postuliert die „**Mere Exposure**"-**Hypothese**, dass allein die „Berieselung" mit Preisinformationen zu einem unbewussten Lernprozess führt und Eingang in das implizite Preisgedächtnis findet [23].

Wird das explizite Preiswissen angesprochen, erinnern sich Kunden tendenziell schlecht an den exakten Betrag eines gekauften Produktes [118]. Stattdessen wenden Kunden ein ableitendes – inferentielles – Preiswissen an, indem sie neue **Preisinformationen konstruieren** [12]. Darunter fällt beispielsweise die Abspeicherung von Preisen in Bewertungskategorien („günstig"/„teuer"), ohne sich den tatsächlichen Betrag zu merken. Oder Nachfrager entwickeln für Produkte, die ihnen bislang nicht begegnet sind, aus Durchschnittspreisen für eine Produktkategorie oder für vergleichbare Preise einen angemessenen Preis. Beispielsweise wurde nachgewiesen, dass Kunden aus ihrem Wissen zu Produkten, Produkteigenschaften und Preispunkten auf den Preis eines unbekannten Produkts schließen [119]. Zu den ihnen bekannten Produkten entwickeln Nachfrager gleichartige Produktgruppen mit ähnlichen Eigenschaften und Preisen. Wird der Preis für ein unbekanntes Produkt ermittelt, schließen Konsumenten auf Basis der wahrgenommenen Produkteigenschaften des unbekannten Produkts auf die entsprechende Produktgruppe und ordnen dem unbekannten Produkt den Preis der assoziierten Produktgruppe zu.

Die wahrgenommene **Sicherheit des Preiswissens** hat direkten Einfluss auf die Zahlungsbereitschaft des Konsumenten. Ist ein Kunde tendenziell unsicher in seiner Preiseinschätzung, so wird er eine größere Bandbreite akzeptabler Preise ansetzen [120] und sich eher an Hinweisreizen (Cues) – wie beispielsweise externen Referenzpreisen – orientieren [121].

▶ **Merksatz** Statt explizit gemerkter Preisinformationen bestimmt das unbewusste, im impliziten Gedächtnis gespeicherte Preiswissen erheblich das Konsumentenverhalten.

3.3.2 Abschreibungs- und Erinnerungseffekt

Wie verändern sich die Preiswahrnehmung und das Preiswissen im Zeitablauf? Zwei Effekte wirken auf die dynamische Entwicklung: der Abschreibungs- und der Erinnerungseffekt.

Abschreibungseffekt

Konsumenten verwenden Preisinformationen, um Kaufentscheidungen zu bewerten. Insofern nehmen Konsumenten Preise zum Zeitpunkt eines Kaufes am stärksten wahr. Diese Preiswahrnehmung nimmt im Zeitablauf ab, sie wird sozusagen mental „abgeschrieben". Zwei Effekte erklären diesen Prozess: der Konsum- und der Adaptionseffekt.

Im Fall des **Konsumeffekts** verbuchen Konsumenten den Preis für ein langlebiges Produkt auf der Aufwandsseite eines mentalen Kontos. Mit der Nutzung des Produkts generieren sie einen Nutzen, den sie der Ertragsseite zuschreiben und intern mit dem ursprünglichen Preis verrechnen [122], sodass der wahrgenommene Preis mit zunehmendem Konsum abnimmt. Der aktuell wahrgenommene Preis, definiert als Differenz von ursprünglichem Preis und kumuliertem Nutzen, entspricht dem buchhalterischen Pendant eines Buchwerts („Book Value") [58].

Der **Adaptionseffekt** geht auf Helsons [86] Adaptionsniveautheorie zurück. Konsumenten tätigen Ausgaben, die kurzfristig als Verlust gegenüber dem aktuellen Vermögensstand wahrgenommen werden. Im Zeitablauf integrieren Konsumenten eine getätigte Ausgabe in ihren aktuellen Status quo des Vermögens und passen langfristig das Referenzniveau entsprechend an [57]. Empirische Beweise, die den Abschreibungseffekt bestätigen, lieferte eine Studie von Arkes und Blumer [123]. Theaterbesucher kauften Karten für eine gesamte Saison im Voraus. Nach Ablauf der Theatersaison wurde festgestellt, dass in der zweiten Hälfte der Saison 41 % weniger Vorstellungen gegenüber der ersten Hälfte besucht wurden. Ähnlich analysierten Gourville und Soman [57] das Trainingsverhalten von Fitnessstudiokunden und fanden heraus, dass das Nutzungsverhalten von jährlich zahlenden Kunden vom ersten Monat nach getätigter Zahlung bis zum fünften Monat um 83 % sank. In beiden Fällen hatten die Kunden ihre Zahlungen mental abgeschrieben, sodass der Drang, die geleistete Zahlung durch Nutzung des Produktes zu rechtfertigen verschwand. Der Theaterbesuch oder der weitere Fitnessstudiobesuch fühlen sich nach Abschreibung des Kaufpreises kostenfrei an.

Erinnerungseffekt

Langfristige Transaktionen – wie beispielsweise Abonnements – sind mit perio-dischen Preiszahlungen verbunden. Die Wahrnehmung von wiederholt gezahlten Preisen hängt von der Aufmerksamkeit, Speicherung und schließlich Erinnerung an gezahlte Preise des Konsumenten ab [60, 124].

Am Beispiel von monatlichen statt jährlichen Zahlungen führt eine hohe **Zahlungsfrequenz** zu häufigeren Preiserinnerungen, die mit einer höheren Preis-wahrnehmung verbunden sind. Aufgrund der kurzen Zeiträume zwischen zwei monatlichen Zahlungen kann ein Abschreibungseffekt dabei nicht kompensato-risch wirken. Eine Studie im Versicherungsumfeld bestätigt diesen Erinnerungs-effekt häufiger Zahlungen empirisch [62].

> ▶ **Merksatz** Die Wahrnehmung von Preisen ändert sich im Zeitablauf.
> Bei einmaligen Kaufsituationen sinkt die Preiswahrnehmung tenden-
> ziell mit zeitlichem Abstand, während bei wiederkehrenden Trans-
> aktionen die Gestaltung der Zahlungsmodalitäten den dynamischen
> Verlauf der Preiswahrnehmung bestimmt.

Phänomene des Kundenverhaltens

4

Nach Gestaltung der Preisinformationen und ihrer psychologischen Verarbeitung zeigen Kunden eine Verhaltensreaktion. Zieht man das Stimulus-Organismus-Response-Modell als Analogie heran, entspricht die Preisgestaltung dem Stimulus und ein bestimmtes Verhaltensphänomen dem Response. Das Bindeglied – den Organismus – zwischen beiden Elementen bildet der Prozess zur Preisinformationsverarbeitung. Vor diesem Hintergrund wird deutlich, warum das vorangegangene Kapitel inhaltlich den größten Raum einnimmt.

Dieses vierte Kapitel präsentiert im ersten Abschnitt die Breite der durch Preise beeinflussbaren Phänomene des Kundenverhaltens. Dazu wurden einschlägige Studien nach der abhängigen Variablen – dem Kundenverhalten – analysiert, um so Konsumentenreaktionen zu identifizieren, die grundsätzlich durch Preisgestaltungen beeinflusst werden können. Im zweiten Abschnitt werden Experimente als Methodik zur Bestätigung und zur Quantifizierung des Zusammenhangs zwischen Preisgestaltungsoptionen und Konsumentenverhaltensweisen vorgestellt.

4.1 Taxonomie des Preisverhaltens

Die Reaktionen von Konsumenten auf subjektive Preise werden als **Preisverhalten** bezeichnet [125]. Als übergeordneter Rahmen des Preisverhaltens dient der Kaufprozess, der sich aus Vorkauf-, Kauf- und Nachkaufphase zusammensetzt ([70], siehe Abb. 4.1). Angelehnt an den verhaltenswissenschaftlichen Konsumentscheidungsprozess wird folgende Unterscheidung im Kundenverhalten vorgenommen: Preissuche, Kauf, Konsum, Verwertung, Beurteilung und Betrug [126]. Die unterschiedlichen Ausprägungen des Konsumentenverhaltens, die in der Preisforschung Beachtung gefunden haben, sind diesen Phasen zugeordnet.

© Springer Fachmedien Wiesbaden GmbH, ein Teil von Springer Nature 2020
M. Husemann-Kopetzky, *Preispsychologie,* essentials,
https://doi.org/10.1007/978-3-658-29666-7_4

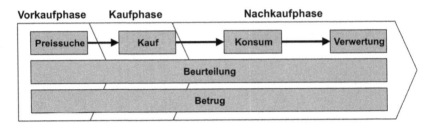

Abb. 4.1 Kaufprozess in drei Phasen

Die **Preissuche** beschreibt alle Aktivitäten, die Kunden unternehmen, um Marktpreise zu erheben und zu vergleichen [127]. Die Preissuche kann sich

- auf einzelne Produkte bei verschiedenen Händlern („Between Store/Interstore Price Search"),
- auf einzelne Produkte bei einem Händler („In-Store Price Search") oder
- auf einen Händler für verschiedene Produkte („Store Choice") beziehen [118, 128].

Das **Kaufverhalten** von Konsumenten schließt

- dichotome Kauf-/Nichtkaufentscheidungen [129],
- multioptionale Produktauswahlentscheidungen [46],
- kontinuierliche Kaufmengenentscheidungen zu einem Produkt [130],
- die Zahlungsbereitschaft [131] sowie
- produkt- und mengenübergreifende Kaufentscheidungen bzw. Gesamtausgaben [74] ein.

Das **Konsumverhalten** drückt sich in der Entscheidung des Nachfragers aus, ob, wann und wie viel eines gekauften Produkts oder der erworbenen Dienstleistung konsumiert wird bzw. ob und wann die Verwendung gestoppt wird [57].

Am Ende der Nachkaufphase entscheidet der Konsument über die weitere **Verwertung** des Produkts oder über den Ersatz durch ein Neuprodukt [58].

Ein **Beurteilungsverhalten** zeigt sich sowohl in der Vor- wie auch Nachkaufphase, indem Kunden ihre Zufriedenheit und ihr Fairnessempfinden mit Preisen und Preisveränderungen durch u. a.

- Empfehlungen/Beschwerden im sozialen Umfeld,
- Beschwerden/Umtausch gegenüber dem Anbieter
- Bewertungen im Internet oder
- Verlängerung/Kündigung von Verträgen ausdrücken [132].

Ein **betrügerisches Kundenverhalten** kann in jeder der vier vorgenannten Verhaltensformen stattfinden und wurde in der Preisforschung bislang kaum betrachtet. Die bis dato einzige Studie weist nach, dass die Preisgestaltung Einfluss auf die Neigung zum (Versicherungs-)Betrug nimmt [62].

▷   **Merksatz** Nicht nur Kauf- oder Nichtkaufentscheidungen werden durch Preise beeinflusst, sondern auch vielfältige Verhaltensreaktionen in allen Phasen des Kaufprozesses.

4.2 Prognose des Preisverhaltens

Die Schlüsselfrage des Preisgestalters lautet: Wie reagieren Konsumenten tatsächlich auf unterschiedliche Preisdesigns? Welches Verhaltensphänomen löst eine bestimmte Preisgestaltung aus? Um Verhaltensreaktionen von Konsumenten zu prognostizieren, ist ein kausaler Zusammenhang zwischen dem Preisdesign und dem Preisverhalten herzustellen. Diese Kausalität lässt sich nur in Experimenten und – unter strengen Auflagen – in Feldstudien (sog. Quasi-Experimenten) sicher überprüfen und quantifizieren. Kerncharakteristikum von Experimenten ist die randomisierte Zuordnung der Versuchspersonen zu unterschiedlichen Bedingungen – in diesem Fall Preisdesigns –, die andere Einflussfaktoren als Begründung unterschiedlicher Verhaltensreaktionen ausschließt. Unterschiede im Kundenverhalten sind damit ausschließlich auf die verschiedenen getesteten Preisdesignoptionen zurückzuführen.

Das **klassische Experiment** nutzt eine zufällige Zuordnung der Studienteilnehmer zu einer Behandlungs- und zu einer Kontrollgruppe, manipuliert eine einzige Behandlung aktiv und bewertet den Effekt durch Vergleich der Ergebnisse eines Prä- und eines Post-Tests [133].

Um aus Experimentalergebnissen Rückschlüsse auf Kundenreaktionen bei Einführung von Preisdesigns im Markt ziehen zu können, sind drei Gütekriterien für Experimente sicherzustellen [134]. Erstens sollte das Ergebnis **reliabel** und möglichst exakt gemessen sein, sodass die Unterschiede in wiederholten

Messungen desselben Objekts (sog. Varianz) entsprechend gering sind. Zweitens ist sicherzustellen, dass das gemessen wird, was gemessen werden soll. Soll eine Einschätzung zu Unterschieden in der Kaufwahrscheinlichkeit gegeben werden, ist infrage zu stellen, inwiefern eine Befragung von Probanden nach der Preisattraktivität eine **valide** Antwort liefert. Und schließlich ist drittens zu gewährleisten, dass die Ergebnisse im Experiment auf die Welt außerhalb des „Labors" übertragbar – d. h. **generalisierbar** – sind. Soll beispielsweise die Wirkung eines Werbeplakats für einen Supermarkt getestet werden, ist zu beurteilen, ob ein Laborexperiment, in welchem die Studienteilnehmer ihre volle Aufmerksamkeit einem konkreten Plakat widmen, die Realitäten eines Supermarktumfelds mit Dutzenden Bannern, die Kunden nur peripher wahrnehmen, widerspiegelt.

Wurde das Experiment in adäquater Weise durchgeführt, kann nun eine quantitative Analyse der gewonnenen Ergebnisse erfolgen. Die quantitative Marktforschung stellt dazu ein breites Repositorium statistischer Methoden bereit, um Effekte auf das Kundenverhalten zu bewerten. Einen Überblick liefern Kuß et al. [135].

Mit der quantitativen Analyse von Experimenten sind zwei Begriffe verbunden, deren Unterschied an dieser Stelle erklärt werden soll [136]: Signifikanz und Effektgröße.

In einfachen Worten beschreibt die **Signifikanz,** inwiefern ein Effekt grundsätzlich vorliegt, bzw. die Wahrscheinlichkeit, dass kein Effekt anzunehmen ist. Ohne die statistischen Details näher zu beleuchten, steigt die Signifikanz nicht nur mit dem Niveau der Effektgröße, sondern auch mit dem Umfang der Stichprobe, sodass bei sehr großen Datenmengen – insbesondere zu beachten in Zeiten von Big Data – nahezu jeder Effekt signifikant wird.

Auch wenn eine ausreichende Signifikanz eine notwendige Voraussetzung für die Bewertung von Effekten ist, so ist die **Effektgröße** der entscheidungsrelevante Faktor. Die Effektgröße beschreibt das Ausmaß des Einflusses eines Faktors auf eine abhängige Variable – wie z. B. die Kaufwahrscheinlichkeit. Das heißt, wie groß ist der Unterschied des Effekts des einen Preisdesigns im Vergleich zu dem eines anderen Designs auf das Kundenverhalten?

Beispielsweise könnte ein bestimmtes Preisdesign im Vergleich zu einer anderen Option zwar einen nachweisbaren Einfluss auf die Kaufneigung zeigen (hohe Signifikanz), jedoch nur ein vernachlässigbares Ausmaß annehmen (geringe Effektgröße).

▶   **Merksatz** In Experimenten werden kausale Beziehungen zwischen Preisdesigns und unterschiedlichen Konsumentenreaktionen getestet. Gewonnene Ergebnisse sind hinsichtlich ihrer Signifikanz und insbesondere einer entscheidungsrelevanten Effektgröße zu bewerten.

Profite als Ergebnis der Preisgestaltung 5

„Profit" kann grundsätzlich als jedes positive, auch nicht-monetäre Ergebnis verstanden werden, das ein Preisgestalter als Zielsetzung verfolgt. Ein Beispiel für nicht-monetäre Profiten: Die Intention des Gesetzgebers (Preisgestalter) mit der Einführung der „Button"-Pflicht im Internethandel war, den Verbraucherschutz (Profit) zu stärken. Dieser zwingend einzuführende Button weist auf die Zahlungspflicht hin und erhöht die Transparenz des Zahlungsprozesses, sodass sich Konsumenten ihrer – bis dato oftmals unbemerkten oder nicht vollständig transparenten – Käufe bewusst werden (vgl. Abschn. 3.1.2).

Das hier vorgestellte 4-P-Modell unterstellt jedoch in der Regel ein Unternehmen als Preisgestalter und versteht unter „Profit" den wirtschaftlichen Erfolg des Anbieters. Die beiden folgenden Abschnitte stellen Modelle zur Entscheidungsunterstützung kurz vor und präsentieren einen Ansatz zur Bewertung des Profits unterschiedlicher Preisgestaltungsvarianten aus Unternehmenssicht.

5.1 Modelle zur Entscheidungsunterstützung

Sind Entscheidungen im Allgemeinen zu treffen, verlassen sich Marketingmanager auch heute noch auf ihre individuellen Erfahrungen und Kenntnisse [137, 138]. Analytische Modelle, die Entscheidungen mit „harten" Fakten begründen, werden selten konsequent umgesetzt – obwohl durch sie nachweislich und objektiv bessere Entscheidungen getroffen werden [139].

Die im Marketing eingesetzten Modelle unterscheiden sich in drei Klassen: Erklärungsmodelle, Messmodelle und Entscheidungsunterstützungsmodelle [140]. **Erklärungsmodelle** sind theoretische Modelle, die beobachtete Phänomene begründen und Hypothesen formulieren. In diesem Buch stellt Kap. 3

© Springer Fachmedien Wiesbaden GmbH, ein Teil von Springer Nature 2020
M. Husemann-Kopetzky, *Preispsychologie*, essentials,
https://doi.org/10.1007/978-3-658-29666-7_5

verschiedene Erklärungsmodelle zur Preiswahrnehmung zusammen. **Messmodelle** erfassen statistische Beziehungen zwischen unabhängigen (z. B. Preisgestaltungen) und abhängigen (z. B. Kaufwahrscheinlichkeit) Variablen. Abschn. 4.2 gibt einen ersten Überblick zum Einsatz von Experimenten zur Überprüfung von Erklärungsmodellen und zur Parametrisierung von Messmodellen in der Preisforschung. Dieses Kapitel führt in den Einsatz von **Modellen zur Entscheidungsunterstützung** ein.

Im Sinne des 4-P-Modells zur Preispsychologie unterstützen Entscheidungsmodelle die Entscheidung zur Wahl der optimalen Preisgestaltung. Sechs Faktoren begünstigen die Anwendung und Umsetzung eines Entscheidungsmodells im betrieblichen Kontext [137]:

1. **Einfachheit:** Manager kann das Modell mit geringem (Einarbeitungs-)Aufwand nachvollziehen.
2. **Robustheit:** Manager hält die Wahrscheinlichkeit falscher Ergebnisse für gering.
3. **Kontrolle:** Manager behält Einfluss auf die Annahmen (Parametrisierung) des Modells.
4. **Adaptierbarkeit:** Manager kann das Modell an neue Informationen anpassen und es erweitern.
5. **Vollständigkeit:** Manager weiß, dass alle wesentlichen Faktoren im Modell berücksichtigt sind – einschließlich subjektiver Faktoren.
6. **Zugriffszeiten:** Manager kann Inputwerte kurzfristig ändern und erhält umgehend die Berechnungsergebnisse des Modells.

Der folgende Abschnitt entwickelt einen Ansatz für ein Entscheidungsunterstützungsmodell von Preisgestaltungsoptionen, das diese Erfolgsfaktoren berücksichtigt.

▶   **Merksatz** Modelle zur Entscheidungsunterstützung helfen, unterschiedliche Preisdesignvarianten einheitlich und objektiv zu bewerten.

5.2   Kundenlebenswert als Entscheidungsgrundlage

Das Entscheidungsmodell soll aus unterschiedlichen Preisgestaltungsvarianten diejenige auswählen, die zum höchsten Profit führt.

Ein einfacher Ansatz ist eine **einperiodische Betrachtung,** die nur **eine Verhaltensreaktion** (Nachfrage) berücksichtigt. In dieser Konstellation kommt die klassische Gewinnermittlungsformel zur Anwendung: Gewinn = (Stückpreis − variable Kosten pro Stück) × Verkaufsmenge − Fixkosten.

Am Beispiel des „Decoy Pricings" aus Abschn. 3.2.2 wird dieser Ansatz verdeutlicht. Ein Unternehmen vertreibt ein Produkt mit zwei Marken, die einen Stückgewinn von 1,40 EUR bzw. 2,20 EUR erzielen (siehe Tab. 5.1). Angenommen, der Anteil der profitableren Marke 2 steigt durch die Einführung eines Köders, der selbst nicht nachgefragt wird, von 69 % auf 77 %, dann würde der Stückgewinn um 0,064 EUR bzw. 3,28 % steigen. Unter der Annahme, dass die Gesamtstückzahl der verkauften Produkte − d. h. die Summe beider Marken − konstant bleibt (z. B. 1000.000 Stück) und die (fixen) Einführungskosten des Köders bekannt sind (z. B. 50.000 EUR), kann die Veränderung des Profits berechnet werden. In diesem Beispiel ist die Einführung des Köders profitabel (1000.000 Stück × 0,064 EUR/Stück − 50.000 EUR = 14.000).

Häufig beeinflussen Preise **unterschiedliche Reaktionen** eines Kunden, die sich über **mehrere Zeitperioden** erstrecken. Kunden kaufen Produkte, erwerben verwandte Produkte des Anbieters (Cross Selling), empfehlen Produkte an Bekannte oder entscheiden sich, das Produkt nicht wieder zu erwerben. Der Kundenlebenswert präsentiert ein adäquates Konzept, das sowohl unterschiedliche Kundenreaktionen als auch übergreifende Zeiträume berücksichtigt.

Der **Kundenlebenswert** (Customer Lifetime Value, CLV) folgt einer investitionstheoretischen Sichtweise und errechnet sich als Barwert aller mit einer Kundenbeziehung verbundenen, erwarteten Zahlungsströme, die ein Unternehmen erhält (z. B. gezahlte Preise) bzw. in die Kundenbeziehung direkt (z. B.

Tab. 5.1 Einfache Gewinnermittlung am Beispiel „Decoy Pricing"

	Vor Ködereinführung		Nach Ködereinführung	
	Marke 1	Marke 2	Marke 1	Marke 2(Ziel des Köders)
Anteil an verkauften Produkten	31 %	69 %	23 %	77 %
Preis pro Stück	1,90 EUR	2,80 EUR	1,90 EUR	2,80 EUR
Variable Kosten pro Stück	0,50 EUR	0,60 EUR	0,50 EUR	0,60 EUR
Gewinn pro Stück	1,40 EUR	2,20 EUR	1,40 EUR	2,20 EUR
Gewichteter Gewinn pro Stück	1,952 EUR		2,016 EUR	
Differenz im gewichteten Gewinn pro Stück			0,064 EUR	

variable Kosten der Bereitstellung) oder indirekt (z. B. fixe Marketingkosten) investiert [141]. Veränderungen des CLV bzw. des Customer Equitys als Summe aller individuellen CLV werden als ein wichtiges ökonomisches Erfolgsmaß für die Bewertung von Marketingentscheidungen herangezogen [142]. Eine umfassende Einführung in das Themenfeld des Kundenlebenswerts geben Helm et al. [143].

Konzeptionell bildet jede **Kundenverhaltensoption** einen eigenständigen Baustein im CLV-Konzept. Alle Bausteine werden in der Regel zum CLV addiert, sodass der Beitrag der einzelnen Bausteine und damit verschiedener Kundenreaktionen für die spätere Entscheidungsfindung transparent bleibt.

Das folgende Beispiel berücksichtigt die Verhaltensweisen Erstkauf, Wiederholungskauf und Cross Selling im CLV. Zur Veranschaulichung wird ein weniger komplexes Modell betrachtet, das auf eine Abzinsung der Zahlungsströme verzichtet [144]. Demnach setzt sich der Wert eines Kunden wie folgt zusammen:

CLV = Erstkaufwert (EKW) + Wiederkaufwert (WKW) + Cross-Selling-Wert (CSW) mit

- $EKW = P_{EK} \cdot (e_{EK} - k_{EK}) - K_{EK}$
- $WKW = 1/(1 - P_{WK}) \cdot (e_{WK} - k_{WK}) - K_{WK}$
- $CSW = P_{CS} \times [(1/(1 - P_{WK}) \times (e_{CS} - k_{CS})] - K_{CS}$

Der Erstkaufwert umfasst den Gewinn beim Erstkauf. Dazu wird die variable Marge des Erstkaufs (Stückertrag abzüglich Stückkosten; $e_{EK} - k_{EK}$) mit der Wahrscheinlichkeit des Erstkaufs (P_{EK}) gewichtet – d. h. mit der Wahrscheinlichkeit, dass aus einem potenziellen Kunden ein tatsächlicher Kunde wird. Die durchschnittlichen fixen Kosten, die aufgewendet werden müssen, um einen Kunden zu gewinnen, werden schließlich in Abzug gebracht (K_{EK}) – allerdings werden diese Kosten nicht mit der Erstkauf- oder Akquisitionswahrscheinlichkeit gewichtet, da diese unabhängig vom Erfolg einer Akquisitionsmaßnahme anfallen.

Der Wiederkaufwert multipliziert für alle Kunden die variable Marge je Wiederholungskauf ($e_{WK} - k_{WK}$) mit einer durchschnittlichen Kundenbeziehungsdauer. Die Marge pro Wiederholungskauf bezieht sich auf dieselbe Zeiteinheit, in der die Kundenbeziehungsdauer gemessen wird – beispielsweise pro Jahr. Die Kundenbeziehungsdauer wird als Kehrwert des Terms „eins minus Wiederkaufwahrscheinlichkeit (P_{WK})" berechnet. Beispielsweise beträgt die durchschnittliche Kundenlebensdauer bei einer Wahrscheinlichkeit des Wiederholungskaufs von 80 % p. a. (bzw. einer Kündigungswahrscheinlichkeit von 20 %) 1/(1 − 80 %) = 5 Jahre. Von diesem Ergebnis werden die durchschnittlichen fixen Kosten pro Kunde abzogen, die beispielsweise dem allgemeinen Wiederholungskauf-marketing (Retention Marketing) zugewiesen werden (K_{WK}).

Der Cross-Selling-Wert multipliziert für alle Kunden die Cross-Selling-Marge ($e_{CS} - k_{CS}$) zusätzlicher Käufe mit der durchschnittlichen Kundenlebensdauer ($1/(1 - P_{WK})$) und der Wahrscheinlichkeit des Cross-Selling-Erfolgs (P_{CS}). Von diesem Wert werden schließlich die durchschnittlichen fixen Kosten der Cross-Selling-Aktivitäten pro Kunde abgezogen (K_{CS}).

Der Vorteil dieser separaten Betrachtung einzelner Bausteine des Kunden-lebenswertes und der jeweils abgebildeten Kundenverhaltensweisen ist, dass einander **gegenläufige Effekte** transparent bewertet und saldiert werden. Angenommen, eine ungewöhnliche Preisdarstellung (44,44 EUR pro Monat) erzeugt beim Kunden eine hohe Aufmerksamkeit für das zugrunde liegende Pro-dukt (beispielsweise Vertrag für Fitnessstudiomitgliedschaft) und **erhöht die Kaufwahrscheinlichkeit** im Vergleich zu einem alternativen Preis (45,00 EUR). Die hohe Aufmerksamkeit führt allerdings während der Vertragslaufzeit dazu, dass der Kunde den Preis des Vertrages stärker wahrnimmt und zu einer durch-schnittlich **höheren Kündigungswahrscheinlichkeit** (d. h. niedrigeren Wieder-kaufwahrscheinlichkeit) im Vergleich zur anderen Preisoption tendiert. Welcher Preis soll gesetzt werden? Tab. 5.2 illustriert dieses Beispiel anhand konkreter Zahlen. Der Erstkaufwert ist in der ersten Option erwartungsgemäß höher, wäh-rend der Wiederkaufwert der zweiten Option höher liegt. Der Cross-Selling-Wert der zweiten Option übersteigt den der ersten trotz identischer Cross-Selling-Wahr-scheinlichkeiten und -Margen, da Kunden länger beim Unternehmen verbleiben. In Summe liegt der Kundenlebenswert bei einem Preis von 44,44 EUR geringer als bei einem Preis von 45,00 EUR, sodass letztere Option zu empfehlen ist.

In diesem Modell wurden keine Zinseffekte für die zeitlichen Unterschiede der Zahlungsströme berücksichtigt. Je nachdem, welches Gewicht auf kurz- und langfristige Zahlungsströme gelegt wird, können das Ergebnis und die Empfeh-lung noch beeinflusst werden. Wird beispielsweise eine intensive und zeitnahe Marktdurchdringung angestrebt, ist möglicherweise die erste Option die bessere Wahl.

Auch wenn das im Beispiel vorgestellte Modell Kundenverhaltensweisen auf vereinfachte Weise berechnet, erfüllt das Konzept des Kundenlebenswertes grundsätzlich vier der sechs genannten Charakteristika. Die additive Struktur erlaubt ein **einfaches** Nachvollziehen der einzelnen Elemente, sodass ein „Total-modell" nicht vollständig und en bloc durchdacht werden muss. Das Konzipie-ren in Bausteinen fördert eine flexible **Adaptierbarkeit** des Modells, sodass nicht nur Berechnungslogiken einzelner Bausteine ersetzt werden können,

Tab. 5.2 Zahlenbeispiel zum Kundenlebenswert

		Option 1 Preis 44,44 EUR	Option 2 Preis 45,00 EUR
Erstkaufwert	P_{EK}	80 %	60 %
	e_{EK}	533,28 EUR	540,00 EUR
	k_{EK}	240 EUR	240 EUR
	K_{EK}	100 EUR	100 EUR
	EKW	**134,62 EUR**	**80,00 EUR**
Wiederkaufwert	P_{WK}	70 %	80 %
	Kundenlebensdauer	3,33 Jahre	5 Jahre
	e_{WK}	533,28 EUR	540,00 EUR
	k_{WK}	240,00 EUR	240,00 EUR
	K_{WK}	60,00 EUR	60,00 EUR
	WKW	**624,32 EUR**	**1,140,00 EUR**
Cross-Selling-Wert	P_{WK}	70 %	80 %
	Kundenlebensdauer	3,33 Jahre	5 Jahre
	P_{CS}	50 %	50 %
	e_{CS}	120 EUR	120 EUR
	k_{CS}	12 EUR	12 EUR
	K_{CS}	0 EUR	0 EUR
	CSW	**180,00 EUR**	**270,00 EUR**
CLV		**938,94 EUR**	**1,490,00 EUR**

ohne benachbarte Bausteine anpassen zu müssen, sondern auch eine einfache Erweiterung und **Vervollständigung** des Modells als solches möglich ist. Sind alle Bausteine und die Beziehungen zwischen diesen valide abgebildet, liefert das Modell schließlich korrekte, **robuste** Ergebnisse.

Die fehlenden zwei Kriterien der **Kontrolle** und der **Zugriffszeiten** beziehen sich weniger auf die Konzeption als auf die organisatorische und technische Umsetzung.

▶   **Merksatz** Der Kundenlebenswert erweist sich als adäquates Entscheidungskriterium, um die Vorteilhaftigkeit von Preisdesigns aus ökonomischer Sicht zu beurteilen.

Was Sie aus diesem *essential* mitnehmen können

- Ein grundlegendes Verständnis zur Einordnung preispsychologischer Erkenntnisse und ihrer Zusammenhänge
- Das 4-P-Modell als Bezugsrahmen von der Preisgestaltung bis zur Quantifizierung der Konsumentenreaktionen
- Eine Auswahl von Preisdesignparametern und ihren Ausprägungen, die ein Preisentscheider zur Preisgestaltung heranziehen kann
- Eine umfassende Einführung in wichtige Konzepte, die die psychologische Verarbeitung aus Sicht des Konsumenten erklären
- Eine Übersicht möglicher Kundenverhaltensweisen, die grundsätzlich durch Preisgestaltungen beeinflussbar sind
- Ein methodischer Ansatz zur ökonomisch-quantifizierten Bewertung von Kundenreaktionen auf Preisgestaltungen

© Springer Fachmedien Wiesbaden GmbH, ein Teil von Springer Nature 2020
M. Husemann-Kopetzky, *Preispsychologie*, essentials,
https://doi.org/10.1007/978-3-658-29666-7

Literatur

1. Han S, Gupta S, Lehmann DR (2001) Consumer price sensitivity and price thresholds. J Retail 77(4):435–456
2. Nagle TT, Hogan JE (2006) The strategy and tactics of pricing. A guide to growing more profitably, 4. Aufl. Pearson/Prentice Hall, Upper Saddle River
3. Winer RS (2005) Pricing. Marketing Science Institute, Cambridge
4. Marn MV, Rosiello RL (1992) Managing price, gaining profit. McKinsey Q 4:18–37
5. Baker WL, Marn MV, Zawada CC (2010) The price advantage, 2. Aufl. Wiley, Hoboken
6. Marshall A (1895) Principles of economics, 3. Aufl. Macmillan, London
7. Ott AE (1979) Grundzüge der Preistheorie, vol 25, 3. Aufl. Grundriss der Sozialwissenschaft. Vandenhoeck und Ruprecht, Göttingen
8. Scitovszky T (1944) Some consequences of the habit of judging quality by price. Rev Econ Stud 12(2):100–105
9. Gabor A, Granger CWJ (1966) Price as an indicator of quality: report on an enquiry. Economica 33(129):43–70
10. Stoetzel J, Sauerwein J, Vulpian de A (1954) Reflections: French research: consumer studies. In: Reynaud PL (Hrsg) La Psychologie Économique. Rivière, Paris, S 183–188
11. Rao VR (1984) Pricing research in marketing: the state of the art. J Bus 57(1):39–60
12. Pechtl H (2014) Preispolitik. Behavioral Pricing und Preissysteme, vol 2643, 2. Aufl. utb-studi-e-book. UVK-Verl.-Ges, Konstanz
13. Homburg C, Koschate N (2005) Behavioral Pricing-Forschung im Überblick. Teil 1: Grundlagen, Preisinformationsaufnahme und Preisinformationsbeurteilung. Z Betriebswirtschaft 75(4):383–423
14. Somervuori O (2014) Profiling behavioral pricing research in marketing. Jnl of Product & Brand Mgt 23(6):462–474
15. Krishna A (2009) Behavioral pricing. In: Rao VR (Hrsg) Handbook of pricing research in marketing. Edward Elgar, Cheltenham, S 76–90
16. Liu MW, Soman D (2008) Behavioral Pricing. In: Haugtvedt CP, Herr P, Kardes FR (Hrsg) Handbook of consumer psychology. Lawrence Erlbaum Associates, New York, S 659–681

© Springer Fachmedien Wiesbaden GmbH, ein Teil von Springer Nature 2020 49
M. Husemann-Kopetzky, *Preispsychologie,* essentials,
https://doi.org/10.1007/978-3-658-29666-7

17. Homburg C, Koschate N (2005) Behavioral Pricing-Forschung im Überblick. Teil 2: Preisinformationsspeicherung, weitere Themenfelder und zukünftige Forschungsrichtungen. Z Betriebswirtschaft 75(5):501–524
18. Müller-Hagedorn L, Kierdorf W (2007) Behavioral pricing. Wirtsch Stud 37(5):673–679
19. Monroe KB (1973) Buyers' subjective perceptions of price. JMR 10(1):70–80
20. Zeithaml VA (1982) Consumer response to in-store price information environments. J Consum Res 8(4):357–369
21. Krishna A, Briesch R, Lehmann DR, Yuan H (2002) A meta-analysis of the impact of price presentation on perceived savings. J Retail 78(2):101–118
22. Berkowitz EN, Walton JR (1980) Contextual influences on consumer price responses: an experimental analysis. JMR 17(3):349–358
23. Diller H (2008) Preispolitik, 4. Aufl. Kohlhammer Edition Marketing. Kohlhammer, Stuttgart
24. Zeithaml VA (1984) Issues in conceptualizing and measuring consumer response to price. Adv in Consum Res 11(1):612–616
25. Manning KC, Sprott DE, Miyazaki AD (2003) Unit price usage knowledge: conceptualization and empirical assessment. J Bus Res 56(5):367
26. Zeithaml VA (1988) Consumer perceptions of price, quality, and value: a means-end model and synthesis of evidence. J Mark 52(3):2–22
27. Simon H (2016) Preismanagement. Springer Fachmedien, Wiesbaden
28. Husemann-Kopetzky M (2018) Handbook on the psychology of pricing. 100+ effects on persuasion and influence every entrepreneur, marketer and pricing manager needs to know. Pricing School Press, Pullach
29. Gijsbrechts E (1993) Prices and pricing research in consumer marketing: some recent developments. Int J Res Mark 10(2):115–151
30. Cheng LL, Monroe KB (2013) An appraisal of behavioral price research (part 1): price as a physical stimulus. AMS Rev 3(3):103–129
31. Abraham AT, Hamilton RW (2018) When does partitioned pricing lead to more favorable consumer preferences? meta-analytic evidence. JMR 55(5):686–703
32. Coulter KS, Grewal D (2014) Name-letters and birthday-numbers: implicit egotism effects in pricing. J Mark 78(3):102–120
33. Puccinelli NM, Chandrashekaran R, Grewal D, Suri R (2013) Are men seduced by red? the effect of red versus black prices on price perceptions. J Retail 89(2):115–125
34. Bagchi R, Cheema A (2013) The effect of red background color on willingness-to-pay: the moderating role of selling mechanism. J Consum Res 39(5):947–960
35. Gourville JT (1998) Pennies-a-day: the effect of temporal reframing on transaction evaluation. J Consum Res 24(4):395–408
36. Gourville JT (1999) The effect of implicit versus explicit comparisons on temporal pricing claims. Market Lett 10(2):113–124
37. Gourville JT (2003) The effects of monetary magnitude and level of aggregation on the temporal framing of price. Market Lett 14(2):125–135
38. Wansink B, Kent RJ, Hoch SJ (1998) An anchoring and adjustment model of purchase quantity decisions. JMR 35(1):71–81

39. Pindyck RS, Rubinfeld DL (2009) Microeconomics, 7. Aufl. Pearson/Prentice Hall, Upper Saddle River
40. Dolan RJ, Simon H (1996) Power pricing. how managing price transforms the bottom line. Free Press, New York
41. Thaler RH (1985) Mental accounting and consumer choice. Mark Sci 4(3):199–214
42. Soman D, Gourville JT (2001) Transaction decoupling: how price bundling affects the decision to consume. JMR 38(1):30–44
43. Morwitz VG, Greenleaf EA, Johnson EJ (1998) Divide and prosper: consumers' reactions to partitioned prices. JMR 35(4):453–463
44. Schindler RM, Morrin M, Bechwati NN (2005) Shipping charges and shipping-charge skepticism: implications for direct marketers' pricing formats. J Interactive Marketing 19(1):41–53
45. Chakravarti D, Krish R, Paul P, Srivastava J (2002) Partitioned presentation of multicomponent bundle prices: evaluation, choice and underlying processing effects. J Consum Psychol 12(3):215–229
46. Inman JJ, McAlister L, Hoyer WD (1990) Promotion signal: proxy for a price cut? J Consum Res 17(1):74–81
47. Huber J, Payne JW, Puto CP (1982) Adding asymmetrically dominated alternatives: violations of regularity and the similarity hypothesis. J Consum Res 9(1):90–98
48. Monroe KB, Cox JL (2001) Pricing practices that endanger profits. Mark Manag 10(3):42–46
49. Campbell MC (1999) Perceptions of price unfairness: antecedents and consequences. JMR 36(2):187–199
50. Biswas A, Pullig C, Yagci MI, Dean DH (2002) Consumer evaluation of low price guarantees: the moderating role of reference price and store image. J Consum Psychol 12(2):107–118
51. Srivastava J, Lurie NH (2001) A consumer perspective on price-matching refund policies: effect on price perceptions and search behavior. J Consum Res 28(2):296–307
52. Jain S, Srivastava J (2000) An experimental and theoretical analysis of price-matching refund policies. JMR 37(3):351–362
53. Srivastava J, Lurie NH (2004) Price-Matching guarantees as signals of low store prices: survey and experimental evidence. J Retail 80(2):117–128
54. Chen H, Marmorstein H, Tsiros M, Rao AR (2012) When more is less: the impact of base value neglect on consumer preferences for bonus packs over price discounts. J Mark 76(4):64–77
55. Biswas A, Wilson EJ, Licata JW (1993) Reference pricing studies in marketing: a synthesis of research results. J Bus Res 27(3):239–256
56. Compeau LD, Grewal D (1998) Comparative price advertising: an integrative review. J Public Policy Mark 17(2):257–273
57. Gourville JT, Soman D (1998) Payment depreciation: the behavioral effects of temporally separating payments from consumption. J Consum Res 25(2):160–174
58. Okada EM (2001) Trade-ins, mental accounting, and product replacement decisions. J Consum Res 27(4):433–446

59. Prelec D, Loewenstein G (1998) The red and the black: mental accounting of savings and debt. Mark Sci 17(1):4–28
60. Gourville JT, Soman D (2002) Pricing and the psychology of consumption. Harv Bus Rev 80(9):90–96
61. DellaVigna S, Malmendier U (2006) Paying not to go to the gym. Am Econ Rev 96(3):694–719
62. Garnefeld I, Eggert A, Husemann-Kopetzky M, Böhm E (2019) Exploring the link between payment schemes and customer fraud: a mental accounting perspective. J Acad Mark Sci 47(4):595–616
63. Hirschman EC (1979) Differences in consumer purchase behavior by credit card payment system. J Consum Res 6(1):58–66
64. Feinberg RA (1986) Credit cards as spending facilitating stimuli: a conditioning interpretation. J Consum Res 13(3):348–356
65. Lo H-Y, Harvey N (2011) Shopping without pain: compulsive buying and the effects of credit card availability in europe and the far east. J Econ Psychol 32(1):79–92
66. Schindler RM, Kirby PN (1997) Patterns of rightmost digits used in advertised prices: implications for nine-ending effects. J Consum Res 24(2):192–201
67. Poltrock SE, Schwartz DR (1984) Comparative judgments of multidigit numbers. J Exp Psychol Learn Mem Cogn 10(1):32–45
68. Stiving M, Winer RS (1997) An empirical analysis of price endings with scanner data. J Consum Res 24(1):57–67
69. Thomas M, Morwitz VG (2005) Penny wise and pound foolish: the left-digit effect in price cognition. J Consum Res 32(1):54–64
70. Simon H, Fassnacht M (2008) Preismanagement. Analyse, Strategie, Umsetzung, 3. Aufl. Gabler, Wiesbaden
71. Coulter KS, Coulter RA (2007) Distortion of price discount perceptions: the right digit effect. J Consum Res 34(2):162–173
72. Hagendorf H (2011) Wahrnehmung und Aufmerksamkeit. Allgemeine Psychologie für Bachelor. Allgemeine Psychologie für Bachelor. Springer, Berlin
73. Tversky A, Kahneman D (1981) The framing of decisions and the psychology of choice. Science 211(4481):453–458
74. Soman D (2003) The effect of payment transparency on consumption: quasi-experiments from the field. Market Lett 14(3):173–183
75. Husemann-Kopetzky M, Köcher S (2017) Price endings that matter: a conceptual replication of implicit egotism effects in pricing. JMB 2(4):313–324
76. Schindler RM (1991) Symbolic meanings of a price ending. Adv Consum Res 18(1):794–801
77. Tversky A, Kahneman D (1974) Judgment under uncertainty: heuristics and biases. Science 185(4157):1124–1131
78. Wilson TD, Houston CE, Etling KM, Brekke N (1996) A new look at anchoring effects: Basic anchoring and its antecedents. J Exp Psychol Gen 125(4):387–402

79. Quattrone GA, Lawrence CP, Warren DL, Souza-Silva K, Finkel SE, Andrus DE (1984) Exploration in anchoring: the effects of prior range, anchor extremity, and suggestive hints. Stanford University, Stanford

80. Beggs A, Graddy K (2009) Anchoring effects: evidence from art auctions. Am Econ Rev 99(3):1027–1039

81. Northcraft GB, Neale MA (1987) Experts, amateurs, and real estate: an anchoring-and-adjustment perspective on property pricing decisions. Organ Behav Hum Decis Process 39(1):84–97

82. Kaustia M, Alho E, Puttonen V (2008) How much does expertise reduce behavioral biases? the case of anchoring effects in stock return estimates. Financ Manag 37(3):391–411

83. Enough B, Mussweiler T (2001) Sentencing under uncertainty: anchoring effects in the courtroom. J Appl Soc Psychol 31(7):1535–1551

84. Mayhew GE, Winer RS (1992) An empirical analysis of internal and external reference prices using scanner data. J Consum Res 19(1):62–70

85. Mazumdar T, Raj SP, Sinha I (2005) Reference price research: review and propositions. J Mark 69(4):84–102

86. Helson H (1964) Adaption-level theory. An experimental and systematic approach to behavior. Harper and Row, New York

87. Sherif M, Hovland CI (1961) Social judgment Assimilation and contrast effects in communication and attitude change, vol 4. Yale Studies in attitude and communication. Yale University Press, New Haven

88. Lowengart O (2002) Reference price conceptualisations: an integrative framework of analysis. J Mark Manag 18(1/2):145–171

89. Hunt WA (1941) Anchoring effects in judgment. Am J Psychol 54(3):395–403

90. Tversky A, Kahneman D (1991) Loss aversion in riskless choice: a reference-dependent model. Q J Econ 106(4):1039–1061

91. Kahneman D, Tversky A (1979) Prospect theory: an analysis of decision under risk. Econometrica 47(2):263–291

92. van Oest R (2013) Why are consumers less loss averse in internal than external reference prices? J Retail 89(1):62–71

93. Mazumdar T, Papatla P (2000) An investigation of reference price segments. J Mark Res (JMR) 37(2):246–258

94. Simonson I, Tversky A (1992) Choice in context: tradeoff contrast and extremeness aversion. J Mark Res 29(3):281–295

95. Simonson I (1989) Choice based on reasons: the case of attraction and compromise effects. J Consum Res 16(2):158–174

96. Huber J, Puto CP (1983) Market boundaries and product choice: illustrating attraction and substitution effects. J Consum Res 10(1):31–44

97. Lambrecht A, Skiera B (2006) Paying too much and being happy about it: existence, causes, and consequences of tariff-choice biases. JMR 43(2):212–223

98. Nicholson N (1998) How hardwired is human behavior? Harv Bus Rev 76(4):134–147

99. Cosmides L, Tooby J, Barkow JH (1992) Introduction: evolutionary psychology and conceptual integration. In: Barkow JH, Cosmides L, Tooby J (Hrsg) The adapted mind evolutionary psychology and the generation of culture. Oxford University Press, New York, S 3–15

100. Levy MS (2015) An evolutionary explanation for risk aversion. J Econ Psychol 46(2):51–61

101. Chen MK, Lakshminarayanan V, Santos LR (2006) How basic are behavioral biases? evidence from capuchin monkey trading behavior. J Polit Econ 114(3):517–537

102. Betsch T, Funke J, Plessner H (2011) Denken – Urteilen, Entscheiden, Problemlösen. Allgemeine Psychologie für Bachelor; mit 14 Tab. Allgemeine Psychologie für Bachelor. Springer, Berlin

103. Herr PM (1989) Priming price: prior knowledge and context effects. J Consum Res 16(1):67–75

104. Miller GA (1956) The magical number seven, plus or minus two: some limits on our capacity for processing information. Psychol Rev 63(2):81–97

105. Rao AR, Monroe KB (1989) The effect of price, brand name, and store name on buyers' perceptions of product quality: an integrative review. J Mark Res 26(3):351–357

106. Shiv B, Carmon Z, Ariely D (2005) Placebo effects of marketing actions: consumers may get what they pay for. JMR 42(4):383–393

107. Plassmann H, O'Doherty J, Shiv B, Rangel A (2008) Marketing actions can modulate neural representations of experienced pleasantness. Proc Natl Acad Sci 105(3):1050–1054

108. Simon HA (1957) Models of man, social and rational. Mathematical essays on rational human behavior in a social setting, 4. Aufl. Wiley, New York

109. Keren G, Teigen KH (2004) Yet another look at the heuristics and biases approach. In: Koehler DJ, Harvey N (Hrsg) Blackwell handbook of judgment and decision making. Blackwell, Malden, S 89–109

110. Furnham A, Boo HC (2011) A literature review of the anchoring effect. J Socio-Economics 40(1):35–42

111. Dion K, Berscheid E, Walster E (1972) What is beautiful is good. J Pers Soc Psychol 24(3):285–290

112. Thaler RH (1999) Mental accounting matters. J Behav Decis Making 12(3):183–206

113. Thaler R (1980) Toward a positive theory of consumer choice. J Econ Behav Organ 1(1):39–60

114. Brandstätter V (2013) Motivation und emotion. Allgemeine Psychologie für Bachelor. Springer, Berlin

115. Mandel N, Johnson EJ (2002) When web pages influence choice: effects of visual primes on experts and novices. J Consum Res 29(2):235–245

116. Thaler RH, Sunstein CR (2008) Nudge. Improving decisions about health, wealth, and happiness. Yale University Press, New Haven

117. Monroe KB, Lee AV (1999) Remembering versus knowing: issues in buyers' processing of price information. J Acad Mark Sci 27(2):207–225

118. Dickson PR, Sawyer AG (1990) The price knowledge and search of supermarket shoppers. J Mark 54(3):42–53
119. Lawson R, Bhagat PS (2002) The role of price knowledge in consumer product knowledge structures. Psychol Mark 19(6):551–568
120. Mazumdar T, Jun SY (1992) Effects of price uncertainty on consumer purchase budget and price thresholds. Mark Lett 3(4):323–329
121. Mazumdar T, Monroe KB (1992) Effects of inter-store and in-store price comparisons on price recall accuracy and confidence. J Retail 68(1):66
122. Heath C, Fennema MG (1996) Mental depreciation and marginal decision making. Organ Behav Hum Decis Process 68(2):95–108
123. Arkes HR, Blumer C (1985) The psychology of sunk cost. Organ Behav Hum Decis Process 35(1):124–140
124. Heath C, Soll JB (1996) Mental budgeting and consumer decisions. J Consum Res 23(1):40–52
125. Jacoby J, Olson JC (1977) Consumer response to price: an attitudinal, information processing perspective. In: Wind Y, Greenberg MG (Hrsg) Moving a head [i.e. Ahead] with attitude research. American Marketing Association, Chicago, S 73–86
126. Solomon MR (2009) Consumer behavior. Buying, having, and being, 8. Aufl. Pearson Prentice Hall, Upper Saddle River
127. Grewal D, Marmorstein H (1994) Market price variation, perceived price variation, and consumers' price search decisions for durable goods. J Consum Res 21(3):453–460
128. Alba JW, Broniarczyk SM, Shimp TA, Urbany JE (1994) The influence of prior beliefs, frequency cues, and magnitude cues on consumers' perceptions of comparative price data. J Consum Res 21(2):219–235
129. Petroshius SM, Monroe KB (1987) Effect of product-line pricing characteristics on product evaluation. J Consum Res 13(4):511–519
130. Krishnamurthi L, Mazumdar T, Raj SP (1992) Asymmetric response to price in consumer brand choice and purchase quantity decisions. J Consum Res 19(3):387–400
131. Homburg C, Koschate N, Hoyer WD (2005) Do satisfied customers really pay more? A study of the relationship between customer satisfaction and willingness to pay. J Mark 69(2):84–96
132. Xia L, Monroe KB, Cox JL (2004) The price is unfair! a conceptual framework of price fairness perceptions. J Mark 68(4):1–15
133. Creswell JW (2013) Research design. SAGE, Thousand Oaks
134. Churchill GA (1979) A paradigm for developing better measures of marketing constructs. JMR 16(1):64–73
135. Kuß A, Wildner R, Kreis H (2018) Marktforschung. Springer Fachmedien Wiesbaden, Wiesbaden
136. Bortz J, Schuster C (2010) Statistik für Human- und Sozialwissenschaftler, 7. Aufl. Springer-Lehrbuch. Springer, Berlin
137. Little JDC (1970) Models and managers: the concept of a decision calculus. Manag Sci 16(8):466

138. Little JDC (2004) Comments on "Models and Managers: The Concept of a Decision Calculus". Manag Sci 50:1854–1860
139. Lilien GL (2011) Bridging the academic-practitioner divide in marketing decision models. J Mark 75(4):196–210
140. Lilien GL, Kotler P, Moorthy KS (2003) Marketing models. Prentice-Hall of India, New Delhi
141. Gupta S, Hanssens D, Hardie B, Kahn W, Kumar V, Lin N, Ravishanker N, Sriram S (2006) Modeling customer lifetime value. J Serv Res 9(2):139–155
142. Rust RT, Lemon KN, Zeithaml VA (2004) Return on marketing: using customer equity to focus marketing strategy. J Mark 68(1):109–127
143. Helm S, Günter B, Eggert A (2017) Kundenwert. Grundlagen – Innovative Konzepte – Praktische Umsetzungen, 4. Aufl. Springer Fachmedien Wiesbaden, Wiesbaden
144. Blattberg RC, Getz G, Thomas JS (2001) Customer equity. Building and Managing Relationships as Valuable Assets. Harvard Business School Press, Boston

Printed in the United States
By Bookmasters